토레
다비드

수직형 무허가
거 주 공 동 체

카라카스를 위한, 그리고 카라카스로 인해 만들어진 책

Torre David: Informal Vertical Communities
Edited by Alfredo Brillembourg & Hubert Klumpner,
Urban-Think Tank, Chair of Architecture
and Urban Design, ETH Zürich

토레 다비드

수직형 무허가 거주 공동체

알프레도 브릴렘버그

후베르트 클룸프너

어반 싱크 탱크

스위스 취리히 연방 공과대학교

건축 및 도시 계획학부

사진 이반 반

옮긴이 김마림

미메시스

2 6

3 1

5 9

7 5

1 4 7

3 6 7

4 0 5

4 3 7

4 4 5

<u>서문</u>　　　/ 알프레도 브릴렘버그와 후베르트 클룸프너

<u>서론</u>　　　3천 명의 참가자와 함께한 실험적 도시 프로젝트　　　/ 안드레스 레픽

<u>그래픽노블 토레</u>　　　/ 안드레 기타가와 & 어반 싱크 탱크

<u>Ⅰ : 과거</u>　　　정치 경제 사회적 배경　　　/ 알프레도 브릴렘버그와 후베르트 클룸프너

<u>Ⅱ : 현재</u>　　　공동체의 사회적 조직 발달 및 건축적 구조에 대한 적응·재사용 과정
/ 알프레도 브릴렘버그와 후베르트 클룸프너

<u>Ⅲ : 가능성</u>　　　토레 다비드에 적용 가능한 건축적 개입 과정
/ 아르노 슐뤼터, 히메노 A. 폰세카, 알프레도 브릴렘버그와 후베르트 클룸프너

<u>Ⅳ : 잠재력</u>　　　미래 건축에 적용 가능한 토레 다비드의 잠재력과 건축가의 도전 과제
/ 알프레도 브릴렘버그와 후베르트 클룸프너

<u>후기</u>　　　/ 크리스티안 슈미트

<u>부록</u>

문제는 건축이 아니다.

문제는 이미 존재하는 것을

재구성하는 데 있다.

— 요나 프리드만Yona Friedman

서문

어떻게 된 이유인지 베네수엘라에서 세 번째로 높은 건물이 지난 21년 동안 미완성인 채로 남아 있다. 토레 다비드(Torre David, 원래 명칭은 스페인어로 센트로 피난시에로 콘피난사스Centro Financiero Confinanzas)는 수도 카라카스의 중심 업무 지구 안에서도 가장 심장부에 우뚝 서 있는, 높이가 자그마치 45층에 달하는 매우 인상적인 건물임에도 불구하고 지난 수십 년 동안 완성될 기미조차 보이지 않고 있다(물론 그 〈완성〉이라는 것이 누구나 공감하는 극히 평범한 의미일 때 말이다). 토레 다비드의 개발업자였던 다비드 브릴렘버그David Brillembourg가 1993년에 사망한 뒤 1994년 베네수엘라의 금융 위기로 인해 토레 다비드의 건설 자금을 지원하던 금융 그룹 마저 파산하게 되자 이 고층 건물은 건설이 중단된 채 버려졌고, 결국 오늘날 불법 거주자들을 끌어들이는 거대한 자석이 되어 버렸다. 이제 토레 다비드는 거주자들에 의해 즉흥적으로 필요한 부분들이 만들어지거나 구조가 끊임없이 개조되면서, 약 750개 이상의 가구가 하나의 자율 공동체를 형성하여 살고 있는 주택가가 되었다. 혹자는 이것을 〈수직형 빈민가〉라는 별칭으로 부른다. 이 공동체는 현재까지 불합리하고 막강한 외압에도 분열되지 않고 살아남았다. 비록 어느 정도의 불안정성과 한계점은 있다 해도 수십 년간 방치된 폐허와도 같은 건물을 거주자들이 그들만의 기발한 독창성과 놀라운 의지를 통해 〈집〉이라는 곳으로 변화시켰다는 점은 정말 놀랍다.

우리가 토레 다비드에 대해 진행한 모든 연구 그리고 물리적, 사회적 규모에 대한 관찰 결과와 일련의 중요성에 대해 내린 결론은 다음과 같은 배경을 갖고 있다.

우리가 이 책을 통해 바라는 점은 어반 싱크 탱크(U-TT)가 진행했던 다른 무단 점유 지역들에 대한 연구에서와 마찬가지로 정치적인 부분을 전혀 언급하지 않을 수는 없었지만, 그래도 우리 관심의 대상은 결코 정치적인 것이 아니다. 우리는 이데올로기를 주창하는 이론가가 아니며, 어떤 특정 〈주의〉를 지지하는 것도 아니다. 그것이 정치적인 것은 물론이거니와 심지어 건축과 관련된 것이라 해도 말이다. 우리의 관심사는 건축가들이 사회 제도나 정부의 성격에 얽매이지 않고 한 사회에서 반드시 지켜 내야 할 윤리적이고 교훈적인 역할이다. 건축가로서의 책임은 모든 정치 제도에 선행되고 우선시되어야 한다고 믿는다.

실로 우리는 정부에 대한 신뢰를 잃었다(애초에 신뢰라는 것이 있었다고 한다면). 말하자면 과연 정부가 빈부의 격차와 불균형을 해소하거나 그 둘 사이에 필요한 공통 기반의 가치를 인식하고 있는지 또는 우리와 정부 사이를 가로막고 있는 경계를 조금이나마 무력하게 할 수 있는 능력이나 의지를 갖고 있는지에 대한 믿음을 잃었다는 의미이다. 그래서 우리는 실용적이면서도 지속 가능한 해결책을 실현시켜 줄 신뢰의 대상을 건축을 직업으로 삼고 있는 사람들로 바꾸어 보려 한다. 우리와 같은 건설이나 도시 계획, 건축 디자인 분야의 동료들은 물론 민간 기업이나 산업에 종사하는 사람들 그리고 수많은 전 세계 빈민가의 거주자들도 그 대상에 포함될 수 있다.

우리는 토레 다비드에 침입하고 무단 점유한 이들의 행동을 지지하지도 비난하지도

않는다. 그 과정에 어떤 불가항력적인 이유가 있었다고 해도 우리가 하려는 일과는

무관하다. 우리의 관심은 오직 그 현상 자체에 있다. 베네수엘라에서 가장 유명한 건축가

중 한 명이자 토레 다비드의 설계자인 엔리케 고메스Enrique Gómez의 작품이 제대로

평가되지도 않은 채 거의 잊히기에 이르렀다는 사실은 결코 기념할 만한 일이 아니다.

하지만 부정할 수 없는 사실이기도 하다. 그리고 그 사실은 이제 과거 속으로 파묻히려

한다.

토레 다비드의 근원에 대해 시간을 들여 연구할수록, 이와 유사한 문제가 현대 사회에

얼마나 만연해 있는지 그리고 토레 다비드가 어떻게 오늘날의 모습을 갖추게 되었는지

이해할 수 있었다. 하지만 그 원인이 무엇인지 또는 누구의 책임인지에 대한 문제는 그

현상이 품은 미래의 잠재력에 비하면 그다지 중요하지 않다.

어반 싱크 탱크(U-TT)에서는 지난 10년간 생활의 편의를 제대로 누리지 못해 왔던 도시

거주민들의 삶을 개선할 수 있는 방안을 찾기 위해 부단히 노력해 왔다. 우리는 우선

카라카스의 지저분하고 복잡하고 혼란스러운 바리오[1]의 연구에서 시작하여, 계획적이고

전통적인 도시의 형태가 무계획적인 도시의 형태로 급속히 바뀌어 가고 있는 전 세계의

거대 도시들을 지속적으로 연구해 왔다. 어반 싱크 탱크는 독립적으로 연구를 진행하거나

때로는 주요 대학 및 교육 기관과 협력하면서, 동시에 설계 회사라는 본분을 살려 도시

거주민들이 직면하는 여러 가지 환경적 문제들을 다루는 실제 프로젝트를 진행하고 있다.

---

1 Barrio. 스페인어로 〈지역, 구역〉을 뜻하는 말이지만,
나라에 따라 그 말이 뜻하는 의미가 다르다. 베네수엘라나
도미니카 공화국에서의 바리오는 주로 카라카스나 산토
도밍고와 같은 대도시 주변에 자리잡은 빈민가 혹은
중하류층이 거주하는 지역을 일컫는 말이다(위키피디아 참조)
— 옮긴이주.

건물이나 공원 또는 어떤 사회 기반 시설에 대한 것이든, 디자인은 생활 환경을 개선하는 데 가장 귀중한 수단이다. 토레 다비드는 엄청난 자산과 결점을 동시에 갖고 있음으로써, 우리가 어떻게 도시 공동체를 조성하고 발전시킬 수 있는지에 대해 고려할 기회를 제공한다. 따라서 이 책은 우리 시대의 건축가들과 미래의 예비 건축가들에게 전 세계에 산재하는 모든 무계획적인 무단 점유 지역을 미래의 혁신과 실험적 도전을 가능하게 하는 잠재력으로 여기게 하고, 그들이 자신들의 디자인 재능을 보다 공평하고 지속 가능한 미래를 만드는 데 사용하도록 자극을 주려는 목적을 갖고 있다.

알프레도 브릴렘버그, 후베르트 클룸프너
도시 연구소 어반 싱크 탱크의 공동 설립자이자 공동 회장
취리히 연방 공과대학교의 건축 및 도시 계획학부 학장

서론 :
3천 명의 참가자와 함께한 실험적 도시 프로젝트

안드레스 레픽 Andres Lepik

카라카스의 미완성 고층 빌딩 토레 다비드에 관한 극적인 이야기는(원래 상업적 목적의 건물로 지어지기 시작했지만 2007년부터 불법 거주자들에 의해 점유되었다는) 점점 전 세계의 주목을 끌기 시작했다.[1] 대중 매체들은 그곳에 거주하는 개개인의 비극적 스토리, 충격적인 이미지 또는 매체의 목적에 부합하는 선택적이고 제한된 인터뷰 등을 통해서 이 〈수직형 빈민가〉의 가난, 폭력, 위험 요소 등의 비참한 부분을 묘사하는 데에만 주로 초점을 맞춘다. 이런 대중 매체의 목적 중 하나는 우고 차베스 대통령의 임기 기간 중의 정치 사회적 분위기를 빗대어 이런 상황이 마치 나라 전체의 분위기인 것처럼 과장하려는 것이었다. 2012년에는 토레 다비드 안에 유명 인사가 인질로 잡혀 있다는 의혹을 품고 수백 명의 수색대가 기습 수색했던 일이 있었다. 나중에는 사실이 아닌 것으로 밝혀졌지만 당시에는 약 3천 명 정도의 토레 다비드 거주자들이 모두 마치 범죄와 연루된 것처럼 뉴스에 보도되었다.[2]

최근 들어 유명한 책이나 영상들을 통해 슬럼, 파벨라,[3] 바리오와 같은 무허가 거주 지역의 문제에 대한 관심이 급격히 고조되고 있다.[4] 제이알[5]과 같은 현대의 예술가들은 이러한 사회 문제를 대중에게 널리 알리기 위해 뉴스 머리기사를 목적으로 한 프로젝트를 진행하기도 했다.[6] 이처럼 대중으로부터 외면받던 빈민가에 대한 관심이 급증했지만, 동시에 빈곤한 자들의 삶을 상업화하려는 현상에 대한 비판도 제기되었다. 이와 관련하여 〈빈민가 관음증〉(파리드 자카리아[7]), 심지어 〈빈민 포르노〉라는 말까지

1 　최근에 토레 다비드에 대해 다룬 매체는 『스피겔』, 『뉴욕 타임스』, BBC, 『도무스』 등이 있다.

2 　1장, 116면 참조.

3 　Favelas. 포르투갈어로 브라질 도시의 빈민 지역 — 옮긴이주.

4 　마이크 데이비스 Mike Davis의 『슬럼의 행성 Planet of Slums』(2006), 로버트 뉴위스 Robert Neuwirth의 『그림자 도시들 Shadow Cities』(2004) 또는 더그 사운더스 Doug

Saunders의 『도착 도시 Arrival City』(2012), 영화로는 「시티 오브 갓 City of God」(2002), 「슬럼독 밀리어네어 Slumdog Millionaire」(2008) 등을 참조.

5 　JR. 프랑스 국적의 사진작가이자 거리 예술가, 그래피티 예술가 — 옮긴이주.

6 　JR의 프로젝트 중 「여성들은 영웅이다 Women are Heroes」(2008~2010)는 전 세계적으로 다수의 잡지에 실렸다. www.jr-art.net/projects

생겨났다. 비록 이러한 매체들이 현상 자체를 널리 알리는 데에는 성공했을지 모르지만, 그 현상 이면에 있는 문제점에 대해 깊이 있게 고찰하고 분석한 경우는 거의 없다. 지금 이 책에서 토레 다비드를 통해 보여 주려는 사회, 경제, 기술, 도시 그리고 인적 요인에 대한 상세한 연구는 이런 고층 건물의 무단 점유 현상이, 비록 그 궁극적 결과는 아직 모른다 해도, 복잡 다양한 사회적 실험의 예가 될 수 있다는 것을 명백히 시사한다.

이 연구와 관련하여, 우리가 생각해 볼 수 있는 세 가지의 의문점이 있다.

– 토레 다비드는 종종 사람들이 주장하는 바와 같이 과연 〈수직형 빈민가〉인가?[8]

– 토레 다비드는 비슷한 역사적인 선례들, 특히 1970년대와 1980년대의 유럽의 불법 거주지들과 어떻게 비교할 수 있는가?

– 토레 다비드는 다른 나라에 있는 빈 건물들의 장래 용도 계획에 적용 가능한 모델이 될 만한가?

토레 다비드는 과연 빈민가라고 할 수 있을까?

사실 〈빈민가〉라는 용어를 명확하게 정의하기는 쉽지 않다. 유엔 인간거주위원회[UN Habitat]에 따른 정의에서 보면 빈민가란 〈극심한 기후 변화로부터 보호받을 수 있는 영속적 내구성을 갖는 주택〉과 같은 시설이 결핍된 거주 상황을 의미한다. 이 첫 번째 요소 하나만 본다면 지금 토레 다비드에 거주하는 주민들의 상황에는 적용되지 않는다. 그들은 스스로 필요해서 설치한 벽을 포함하여 이미 존재하고 있던 건물의 구조체로부터 잘 보호받고 있다. 그다음에 따라붙는 빈민가의 특징은 〈식수와 위생 시설이 결핍된 곳〉인데 이 조건도 토레 다비드에는 적용되지 않는다. 비록 사용량에는

---

7   Fareed Zakaria. 인도 출신의 미국 저널리스트. 「슬럼독 밀리어네어」의 감독과 〈빈민가 관음증〉에 대해 인터뷰를 한 적이 있다 — 옮긴이주.

8   피터 윌슨Peter Wilson 의 〈카라카스의 초고층 슬럼가 The Skyscraper Slums of Caracas〉(『포린 폴리시Foreign Policy』, 2012년 1월 6일, http://goo.gl/oPXdVk 참조).

이 기사는 카라카스의 다른 빈민가의 사례도 다루고 있다.

제한이 있지만 거주 세대 대부분에 수도가 연결되어 있고, 화장실도 갖추어 있다. 유엔 인간거주위원회가 제시한 빈민가의 요소 중 마지막 항목은 〈강제 추방에서 자유로울 수 있는 안정된 거주권의 확보〉인데, 이것은 토레 다비드에 적용될 만한 항목이다. 왜냐하면 토레 다비드의 거주민들은 현재의 건물주인 금융 기관 예금보증인기금^{FOGADE}[9]으로부터 어떤 공식적인 인정도 받지 않은 상태이기 때문이다. 유엔 인간거주위원회에 의하면 빈민가의 상황을 암시하는 또 다른 요소는 〈과밀過密 거주〉로, 서너 사람 이상이 방 하나를 공유하는 상태를 말한다. 토레 다비드의 일부 공간은 이 항목에 해당하지만 그 외에는 개개인의 사생활이 보장될 만큼 충분히 넓은 공간을 확보하고 있다.

이러한 빈민가의 정의에 대한 여러 가지 항목과 더불어, 빈민가를 정의하는 데 언급되는 다소 관대한 의미의 요소들도 있다. 그중 하나는 주로 도시 외곽의 임시 거주

9   베네수엘라의 은행과 예금을 보호해 주는 기관.
우리나라의 예금 보험 공사와 같다 ─ 옮긴이주.

뭄바이의 다라비
사진: 어반 싱크 탱크 / 일라나 밀너

베를린에 있는 무단 점유된 한 건물, 2009년
사진: 톰 퀴네

지역에 해당하는 문제점으로 대중교통 접근성에 관한 것이다. 하지만 토레 다비드는 중심가에 있기 때문에 접근성에 관한 한 거의 이상적인 위치이다. 또 빈번하게 언급되는 요소 중 하나가 빈민가의 위생과 보안 문제이다. 다시 한 번 얘기하지만, 토레 다비드에 관한 분석 및 연구 결과에 따르면 이 문제는 고려할 가치조차 없다. 거주자들은 각 층을 정기적으로 청소하고 전기세를 나누어 내기 위해 자율적인 조직을 구성한 것은 물론, 매우 효율적으로 운영하고 있다. 그리고 자치 조직이 질적으로 잘 운영되고 있는지를 감시하기 위해서 공동체를 그룹별로 나누어 각 층에 해당하는 문제점을 공유하고 앞으로의 계획에 대해서 함께 논의하기도 한다. 토레 다비드에는 층과 층 간의 사회적인 질서를 원만하게 유지하기 위해서 건물의 각 층 계단 입구에 잠금 장치가 되어 있다. 또한 마치 부유층의 주택에서 보안과 안전을 위해 출입구에 정문을 설치하여 외부로부터 출입을 엄격히 차단하고 관리하는 것과 유사하게 토레 다비드의 공동체에서는 경비 요원들을 세워 중앙 현관 입구를 확실히 감시하도록 관리하고 있다. 이런 경비원을 두는 것과 같은 양상은 주로 사회적 하층 계급에 속하는 외부 사람을 차단하기 위한 것임을 고려할 때, 토레 다비드를 〈빈민가〉라고 하기에는 상당히 부적절하다고 여겨진다. 이처럼, 악명 높은 빈민가인 인도 뭄바이의 다라비나 케냐 나이로비의 키베라와 비교했을 때 토레 다비드가 〈빈민가〉의 범주에 속하기에는 적합하지 않은 요소가 너무 많다.

과거 유럽의 불법 거주자들이 토레 다비드의 선례일까?

토레 다비드를 빈민가로 볼 수 있는 단 하나의 중요한 요소는 주민들의 안정된 거주권이 확보되어 있지 않다는 점이다. 현재 거주민들은 그 건물을 FOGADE의 허락 없이 점유 및 통제하고 있다. 그 어떤 권리도 보증된 상황이 아니며, 단순히 일시적으로 묵인되고 있을 뿐이다. 빈민가는 주로 도시 외곽의 미개발 지역이나 도시 내 허름한 지역으로 확산되는 것이 일반적인 현상인데, 토레 다비드는 매우 좋은 위치에 있는 넓고 큰 건물임에도 무단 점유지의 형태로 바뀌었다는 점이 특이하다. 이런 점에서 보면 1970년대와 1980년대에 형성됐던 조직적인 무허가 거주 지역의 변형된 형태처럼 보인다. 유럽의 많은 무허가 거주 지역들은(특히 독일, 스위스, 네덜란드의 경우) 정치적인 목적 때문에 야기된 주택난으로 특히 저소득층이 큰 피해를 입자, 그에 대한 반발로 생겨났다. 카라카스에서도 거주 가능한 주택의 수가 급감하자 임시 정착지나 바리오와 같은 빈민 지역들이 급격히 증가했다. 하지만 유럽의 무허가 거주민들과는 달리 토레 다비드의 거주자들은 반정부적인 성향은 갖고 있지 않다. 그들이 토레 다비드를 점유한 것도 시위를 하기 위해서가 아니라 단순히 삶을 영위하기 위한 실용적이고 자립적인 해결책의 결과였을 뿐이다. 하지만 장기적 관점에서 볼 때 그 전략적인 접근 방식에는 유럽의 사례들과 유사한 점이 있다고도 볼 수 있다. 그들의 궁극적인 목표는 주거 공동체 안에 튼튼한 사회적 네트워크를 조성하고 외부 세계와 구별될 수 있는 자신들만의 확고한 독자성을 보여 주는 것이다. 거주자들은 단일 공동체로 행동함으로써 개인으로 행동할 때보다 훨씬 강력한 정치적 영향력을 가질 수 있다. 과거 유럽의 불법 거주자들 중에는 수년 동안 그들의 점유 상태가 묵인되어 왔고, 그러다가 어떤 지역에서는 임대 계약서를 받아 거주 권리가 영원히 합법화된 경우도 있다. 토레 다비드의 경우에도 주민들이 지방 자치 단체에 전기세를 납부하는 등 합법적인 거주자들이라면 지켜야 할 의무를 충실히 이행함으로써, 지방 자치 단체의 공인을 얻고 거주 지역을 합법화하려는 목표에 서서히 다가가는 유사한 전략을 엿볼 수 있다. 법을 위반했다는 이유로 지방 자치 단체에서 거주자들을 기소하거나 추방할 수 있는 근거를 최소화하려는 것이다.

　　무허가 거주 지역을 비교 연구하면서 알게 된 흥미로운 사례 중의 하나가 덴마크 코펜하겐의 크리스티아니아Christiania 공동체이다. 이 공동체는 1970년대 초, 군사 지역에 있던 빈 건물들에 사람들이 자발적으로 들어가 살면서 시작되었다. 그 이후 점차 대안적인 생활 방식을 추구하는 사람들이 대거 이주하게 되면서 독특한 문화적 특색을 띤 집단 거주 지역으로 번성하게 되었고, 결국에는 하나의 자주적, 자치적인 공동체로서 법적 인정을 얻게 되었다(심지어는 그 안에서 가벼운 수준의 마약 거래까지 허용되기도 할 만큼 말이다). 크리스티아니아에서는 소수의 개척자와 개혁자들이 사회적 역동성을 촉발시켜 기존의 도시 구조 안에 있는 또 하나의 병행竝行 도시로의 형태를 갖추었고, 그 속성 때문에 세계적으로 유명한 관광 명소가 되기에 이르렀다. 그들은 시간이 지남에 따라 얻게 된 정치적인 영향력을(예를 들면 불법 거주민들에 대한 지방 자치 단체의 묵인과 관용, 자율적 경제 사회 조직 그리고 공동체에 대한 지역 사회로부터의 인정 등) 점차 야심 찬 목표 달성에 이용하기 시작했다. 크리스티아니아의 850명 남짓 되는 거주민들이 시市 당국과의 길고 긴 협상 끝에 그 부지 전체를 매수할 수 있는 권리를 얻는 데 성공한 것은 최근의 일이다.[10] 이제까지의 역사를 살펴볼 때 토레 다비드는 크리스티아니아와 매우 유사한 방향으로 잘 성장해 왔고, 카라카스 안에서 하나의 자주적인 거주지로 변모하였다. 그 조직의 자주성의 정도와 다양한 경제적 활동 상황(말하자면 교통수단을 비롯해 물건을 파는 작은 임시 가게에 이르기까지)을

10　라인하르트 올프Reinhard Wolff, 〈거주자들이 그들의
임시 거처를 구입하다Bewohner kaufen ihren Freistaat〉
「타게스차이퉁」, 2012년 5월 1일), www.taz.de/!5121653

보면, 토레 다비드는 이미 무허가 점유 상태라는 삼정적인 성격을 넘어선 수준의 경제 시스템을 갖추고 있다. 또한 적지 않은 거주 인구와 공동체의 성장력도 무시할 수 없고(이제는 합법적 승인을 얻은 〈베네수엘라의 추장〉이라는 이름의 협동조합을 포함하여), 그동안 지방 자치 단체가 무단 점유를 묵인해 온 기간이 너무 길었기 때문에, 정부가 이들을 다른 곳으로 재정착시키는 데 필요한 이유, 말하자면 사회가 용납할 만한 정당한 변명거리를 찾는 것이 점점 어려워지고 있는 실정이다.

토레 다비드는 다른 지역의 바람직한 본보기가 될 수 있는가?

요즈음 선진국에서 현존하는 건물들을 개조하거나 적응·재사용하는 데 공공의 관심이 급증하고 있는 점을 고려해 볼 때, 토레 다비드의 예가 다른 곳에도 적용 가능한지에 대한 문제는 매우 시사적인 중요성을 갖는다. 제12회 국제 건축 박람회 〈2010 베니스 비엔날레〉에서 네덜란드는 〈비어 있는 네덜란드, 건축이 아이디어와 만나는 곳〉[11]이라는 모토를 바탕으로 방치된 빈 건물에 초점을 맞추어 프로젝트를 진행하였다. 그리고 빈 건물들의 사례 지역과 사진을 관련 아트 프로젝트와 함께 나타낸 『네덜란드 빈 건물 안내 지도 책』도 발간했다. 2012 베니스 비엔날레에서는 독일이 같은 주제의 프로젝트로 참여하였다. 〈재사용, 축소 사용, 재활용〉이라는 모토를 바탕으로 현존하는 건축물을 앞으로 어떻게 개조 및 변경할지에 대한 연구와 분석을 시도했다. 그 프로젝트 과정의 하나로 베를린의 모든 빈 건물을 지도에 나타내고 그 하나하나의 특징을 나타낸 〈부동산 보고서: 리어스탠드스멜더[12]〉라는 인터넷 환경을 구축하여, 시민들이 그 인터넷 홈페이지를 통해 직접 그 건물들을 어떻게 재사용할 것인지에 대한 아이디어를 내거나 토론에 참여하도록 권장하고 있다.[13] 이렇게 여러 나라에서 빈 건물들을 정치적인

11 네덜란드 건축 협회 참조(hetnieuweinstituut.nl).
12 Leerstandsmelder, 독일어로 임대되지 않은 부동산과 보고를 합한 말이다 — 옮긴이주.
13 www.leerstandsmelder.de 참조.

이슈로 만들기 위해서 도시 계획이나 개발 계획에 대중의 참여를 끌어내려는 노력을 기울이고 있다.[14] 유럽에서 빈 건물에 대한 문제가 처음 조명된 것은 2004~2005년 〈축소되는 도시〉 박람회에서인데, 이것은 잠재적인 인구 감소에 대한 우려에서 비롯된 것이다.[15] 선진국에서는 이처럼 인구가 감소하는 현 시점에서 과연 건물을 새로 짓는 것이 사회적, 환경적 그리고 경제적으로 정당화될 수 있는지 아닌지, 정당화될 수 있다면 어느 정도까지인지에 대한 문제 등이 제기되고 있다.

흥미로운 사실은 박람회에서 이런 사안들과 관련하여 연구나 프로젝트를 발표하도록 선동한 것이 바로 건축가들이라는 점이다. 그렇게 함으로써 건축가들은 도시 안에서 가장 친숙하고 당연하게 받아들여지는 그들 자신의 역할 자체가 내포한 문제점을 스스로 제기한 것이나 마찬가지이다. 하지만 건축물을 개조하거나 변경해서 얻게 되는 이익이 건물을 새로 짓는 것에 비해 상대적으로 매우 적다 하더라도 어떤 형태로든 건축 경기에 호황이 일면 그 이익은 결국은 건축가의 몫인 것도 사실이다. 지금의 상황을 좀 더 잘 이해하기 위해서는 〈비어 있는 공간의 점유〉에 대한 역사적 기원에 대해 탐구 조사해 보는 것이 필요하다.

건축의 역사를 전형적인 맥락에서 볼 때 그 기원은 인류 최초의 건물이자 가장 기본적인 형태인 오두막에서 시작된다. 그 이후 역사의 서술 방향은 그 초기 건물의 형태에서 건축물이 점점 더 복잡하게 진화함에 따른 건축의 발달 과정을 묘사하는 쪽으로 넘어간다. 하지만 이러한 건축의 역사에서 종종 누락되는 이야기들은 이미 자연적으로 생겨난 동굴이나 그와 유사한 자연적 공간에서 은신처를 찾아내고, 일정 기간 그곳을 자신을 거주지로 사용했던 초기 인류에서 비롯된, 좀 다른 관점의 인류학적인 본능 및 불변성에 관한 것이다. 건물을 설계하고 돈을 버는 것을 업으로 삼는,

---

14　www.freespaceberlin.org에서는 공공기관이 소유하고 있는 베를린의 부동산에 대해 명확하게 언급하고 있다.
15　이 연구와 프로젝트에 대한 자세한 사항은 www.shrinkingcities.com 참조.

직업적으로 훈련된 건축가에게는 어떤 공간을 그냥 점유한다는 개념은 아마도 건축의 정도에서 벗어난 잘못된 출발쯤으로 여겨질는지 모른다. 왜냐하면 기존의 공간에 대한 점유 행위에는 건물을 구상하고 생성한다는 의미에서의 어떤 지적 능력의 투자가 필요 없다고 여기기 때문이다. 같은 맥락에서, 태고 때부터 동굴 주거를 아주 원초적인 거주 형태로 여겨 왔고, 동굴과 같은 곳을 임시 거처로 사용하던 부족을 〈혈거인(또는 유인원)〉이라는 수치스러운 별칭으로 부르기도 했다. 하지만 자연적으로 형성된 공간을 그대로 거주 목적으로 사용하는 것은 어떻게 보면 가장 확실하면서도 경제적인 선택이다. 이 부분에서 자연스럽게 그리스의 철학자 디오게네스Diogenes를 떠올리게 되는데, 금욕주의 철학자였던 디오게네스는 나무로 된 통에서 살았다고 전해진다. 이 이야기가 사실인지 아닌지를 떠나서 그 시대에 대한 여러 가지 기록들에서 알 수 있듯이, 디오게네스가 삶에 있어서 불필요한 소유를 삼가려고 했던 것을 예증한다. 디오게네스의 금욕주의적 삶은 집에 대한 생각에서도 나타났다. 디오게네스는 〈제우스의 스토아〉와 〈폼페이온〉[16]을 가리켜 아테네인들이 자신에게 선사한 아주 멋진 집이라고 했다고 한다.[17] 이처럼 그는 아테네인들이 세운 공공건물을 종종 거주 목적으로 사용했는데 그 이유는 단순히 출입이 자유롭고 공간이 넓기 때문이었다. 공동체에서 건설한 구조물을 개인이 사용하는 것은 당연한 권리라고 여겼던 디오게네스의 사고방식이 어쩌면 현재의 모든 불법 거주자에게 무단 점유에 대한 권리를 주장할 수 있게 한 이론적인 근거가 된 것이 아닌가 하는 생각이 들기도 한다.

현재 토레 다비드에 거주하는 사람들은 원래 다른 목적으로 건설된 구조물을 우연히 점유하는 기회를 붙잡은 뒤, 그때그때 필요한 요구에 맞춰 사용하면서 점차 일정 수준의 거주 기준에 부합하도록 바꿔 나가고 있다. 실험 기간 동안 우리는 토레 다비드의

16　〈제우스의 스토아〉는 기원전 425~410년에 고대 아테네의 아고라에 세워진 두 개의 복도로 나누어진 주랑(柱廊) 형태의 건물로, 제우스를 위한 신전의 목적으로 세워졌다. 〈폼페이온〉 은 기원전 4세기에 케라메이코스 지역에 세워진 건물의 이름이다 — 옮긴이주.

17　디오게네스 라에르티우스Diogenes Laërtius, 『저명한

철학자들의 삶Lives of Eminent Philosophers』, 『견유학자 디오게네스: 그의 금언과 일화들Diogenes the Cynic: Sayings and Anecdotes』.

공동체 구성원들이 그들의 정체성과 결속력을 강화하는 자치적인 조직의 형태를 형성함으로써 점점 더 안정을 찾는 것을 볼 수 있었다. 물론 거주의 합법성에 관한 문제는 아직 미해결 상태이지만, 공동체 구성원 간의 결속력이나 점점 확산되어 가는 공동체에 대한 외부의 긍정적인 인식을 고려해 볼 때, 그들이 희망하는 장기 임대 승인은 전혀 헛된 기대만은 아닌 것 같다.

그들과 함께 2012년 3월에 토레 다비드를 방문할 수 있도록
초대해 준 알프레도 브릴렘버그와 후베르트 클룸프너에게
감사를 전한다. 이 책은 이제까지의 나의 경력에서 가장
잊을 수 없고 흔치 않은 건축적 경험을 보여 준다.

무계획적으로 형성된 도시가 마치 손가락처럼 카라카스의 중심부를
향해 뻗어 나가고 있다. 강과 고속도로가 계획적인 도시 형태와 계획
없이 성장한 바리오의 경계를 확연하게 가르고 있다.

카라카스 인구의 약 60%가 도시 거주 면적 중 40%도 안 되는
바리오에 거주하고 있다.

미완성인 채 공사가 중단된 토레 다비드는 베네수엘라에서
세 번째로 높은 건물이다. 이 사진에서는 토레 다비드 복합 단지를
구성하는 전체 5개 동 중에 A, B, K동과 주차장 건물까지

4개 동이 보인다. 이 사진에서 보이지 않은 나머지 1개 동은
아트리움이다.

신선한 공기와 자연 채광을 위해서 건물 A동에 사는 거주자들이
건물 입면 전체를 장식하던 유리창 일부를 떼어 냈다.

토레 다비드에 관한 이야기는 역사와 인류의 창의력이 수십 년간 뒤엉킨 결과물로 볼 수 있다.

이에 관한 모든 배경과 그 복잡성에 관해 묘사하는 것은 거의 불가능하지만, 우리는 우리만이 알고

있는 방식으로 도시의 상황과 맞물린 이야기들을 시각화할 수 있는 다양한 방법을 총동원해서

그 이야기를 풀어 보았다. 그 과정에서 우리는 주로 현대 도시의 잔인하고도 가장 원초적인 현상을

다루는 것으로 잘 알려진 브라질 출신의 만화가 안드레 기타가와와 팀을 이루어 일했다. 원래 건축

공부를 했기 때문인지 안드레는 토레 다비드에 대한 우리의 관심을 직관적으로 이해했다.

또한 이 책의 독자들이 그 지역과 공동체를 인식하는 데 있어서 조금 다른 감각으로 현실을

전달하고 싶었던 우리의 바람에 대해서도 이해해 주었다. 안드레의 건축에 대한 예리한 시각과

스토리텔링 재능은 토레 다비드의 건설, 무단 점유 그리고 가능한 미래 모두를 생생하게 엿볼

기회를 선사해 주었다.

그래픽노블
토레

안드레 지타가와
어반 싱크탱크

베네수엘라의 수도 카라카스,
2012년 4월 9일,
오후 3시

무단거주자들이 점유하고 있는 고층 건물에
코스타리카인 상무관이 인질로 잡혀 있다는
신고를 받고 수색대가 타워를 급습했다.

총마다…

모든 방마다…

그들은 확증도 없이
수색하기 시작했다.

토레 다비드

다음 날, 인질로 잡혔다는 그 유명 인사는
카라카스의 다른 곳에서 발견되었다. 하지만
경찰의 수색으로 도시 한복판에 있는 이 거대한
45층짜리 건물은 주목의 대상이 되었다.

한때 사치와 번영의 상징이 될 운명이었던
이곳은 현재 세계에서 가장 높은 무허가
거주지가 되어 버렸고 모두에게 다음과 같은
이름으로 불린다.

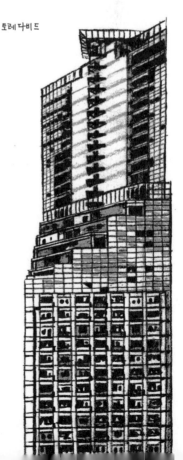

여기는 지난 60여 년간 온갖 종류의 계획적, 무계획적인 성장을 겪어 온 도시 카라카스다.

페타레 지역의 바리오

1958년, 23 드 에네로 지역(카라카스 서부)

2012년, 23 드 에네로 지역(카라카스 서부)

1970년대 석유 수출 수익에 의한 자본의 유입 덕분에, 경제 활동 부문도 함께 성장했다.

그 발전의 한가운데에서
두드러진 활약을 보인 개발자가
다비드 브릴렘버그였다.

1980년대 후반에 그는 거대한 사무 및 상업용
복합 단지인 〈센트로 피난시에로 콘피난사스〉의
건설을 착수했다. 그 복합 단지의
중앙에 세워진 건물이 토레 다비드이다.

한편, 카를로스 안드레스 페레스
대통령이 결국 실패로 돌아간
두 번째 임기를 위해 돌아왔다.

시장개혁은 엇나가고,
사회적으로 사람들의
불안 의식과 불만이
점점 커졌다.
이것이 카라카소*의
시작이었다.

카라카스는 혼란에 빠졌다. 하지만 삶은
계속되었다. 다비드 브릴렘버그는 1990년
복합 단지의 건설에 착수했다.

타워가 거의 4년간
건설 중이었다.

그러던 중 두 가지
안 좋은 사건이
발생했다.

그중 하나는 1993년
다비드 브릴렘버그가
사망한 것이고

다른 하나는 1994년 베네수엘라의
경제가 파산하였고 건설에 대한 자금
지원도 공중으로 증발해 버린 것이다.

★1989년 카라카스에서 일어난 민중 폭동 — 옮긴이주.

90%가 완공된 상태에서 타워는
정부의 소유가 되었다.

그 후 13년간 텅 빈 상태로 남아 있게 되었다.

한편, 베네수엘라는 우고 차베스가
대통령에 당선되면서 정치적 급변혁기를
맞게 되었다.

그리고 새로운 헌법이
제정되었다.

CONSTITUCION
DE LA
REPUBLICA
BOLIVARIANA
DE
VENEZUELA
1999

새로운 법과 대통령령에 의해 기존의
베네수엘라의 부동산 법은 폐기되었다.

정치, 경제적 상황이 악화되자 주택난이
더 심각해졌고 사람들은 곳곳에서
공적 및 사적인 공간을 불문하고 무단으로
점유하기 시작했다.

2007년 9월의 어느 날 밤, 굉장한 폭우가 내린 뒤…

도시 외곽의 바리오에 살던 몇 가족이 새로운 보금자리를 찾아 나섰다.

그러다가 토레 다비드를 발견했다.

그 첫날밤에 들어온 사람들은 지상층을 보금자리로 삼았다.

그리고 곧 다른 층에도 관심을 나타내기 시작했다.

더 많은 가족이 이주해 들어오자, 처음에는 계획 없이 시작된 무단 점입이 점차 조직화된 점유 행태를 띠기 시작했다.

정부의 주택 관련 지원이 결핍된 상태에서 공동체는 자신들의 요구에 맞게 스스로 타워를 개조해 나갔다.

무단 점입 이후 2년이 지나자, 거주자들은 〈베네수엘라의 촉장〉이라는 협동조합을 설립했다.

교회도 생겨나 신자들도 많이 모여들었다.

거주민들은 스스로 쓰레기 처리 시스템을 고안해 냈으며, 식수 및 전기의 비축 및 분배 방식도 체계화했다.

보안과 유지 보수를 확실히 관리하기 위한 그룹도 조직되었다.

식료품점도 생겨났고 …

공동체의 요구에 맞춰 자연스럽게 이발소와 농구 코트 등이 생겨났다.

그렇게 불확실한 상황을 하나씩 극복해 나가면서,
그들은 어느새 밝은 미래에 대한 가능성을
꿈꾸기 시작했다.

한편, 카라카스의 다른 지역의 바리오에 대한 작업을 진행 중이었던 어반 싱크 탱크는 토레 다비드에 대한 이야기 역시 알고 있었다.

그들은 카라카스 출신으로, 토레 다비드의 상황에 관심을 가졌고 더 깊은 내막을 알고 싶었다.

토레 다비드에 대한 몇 달간의 연구조사와 공동 작업 끝에
어반 싱크 탱크는 토레 다비드의 공동체 미팅에서
아이디어를 발표했다.

여러분…

지난 일 년 반 동안 건물의
상태를 파악하고, 여러분과 인터뷰를
하고, 몇 가지 중요한 문제점을 정의
하면서 같이 작업한 결과…

몇 가지 보완 가능하다고
판단된 건물의 개보수 계획에
관해 얘기해 보고자
합니다.

이곳을 보다 향상된 수준의
공공 주택으로 만드는 데
도움이 되고 싶습니다. 우리의
계획을 말씀 드리겠습니다.

우선 시간과 노력을
절약시켜 줄 수 있는
새로운 수직 이동 장치를
고안해 보았습니다.

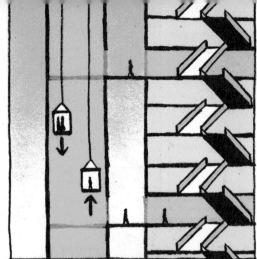

지속 가능한 에너지 자원의 생성 및
비축 시스템도요.

거주자들을 위해 더 많은
상업 공간 역시 확보할 것이고…

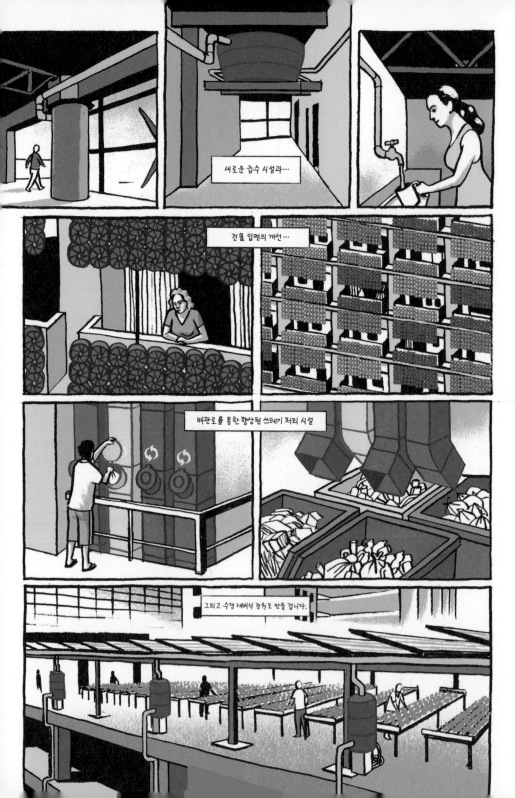

여러분들이 잘 사용하지
않는 공간이에요.

우리는 토레 다비드를
오래된 도시 위에서 도시를 탄생시킬 수 있는
도시 개발의 촉매제로 보고 있습니다.

그들은 취리히 연방 공과대학교의
연구원들을 동원하여 토레 다비드를 선진국의
기업들과 연결해 줌으로써 그들 모두를 위한
혁신적인 공동 작업을 할 수 있도록 하였다.

이야기는 계속된다…

처음 이 공간을 점유하려고 결정했을 때 몇 가지 현실적인 문제에 부딪혔습니다. 그중의 하나가 바로 이 죽은 거인이었죠. 우리 나라 수도의 한가운데 우뚝 버티고 있는 이 건물은 높이가 자그마치 192미터 되는 데다가 45층 전체가 텅 비어 있어서 마치 죽어 있는 거인의 시체 같았어요. 우리는 타워의 옥상에 있는 헬리포트에 서서 주위를 둘러보고 알게 되었습니다. 지금 카라카스의 이 건물에 와서 살아 보겠다고 모인 사람들은 — 남아메리카의 야노스에서 왔든, 콜롬비아에서 왔든 또는 어디 출신이든 — 모두 쾌적하고 반듯한 중심가에서 살던 사람들은 아니었다는 것을 말이죠. 여기에 있는 모든 사람들은 전부 도시 외곽이나 언덕 지역의 바리오와 같이 사람들이 살기에는 위험하고 부적합한 곳으로 밀려났던 사람들이었어요. 사람들은 이런 말을 듣곤 했죠. 〈그런 곳에나 가서 살아!〉 결국 거주할 공간에 대한 절박한 필요성 때문에 우리는 여러 곳을 돌아다니며 삼림을 파괴하거나 지역을 훼손하면서라도 살 곳을 마련했고 그래서 지금 바리오라고 알려진 곳들이 생겨난 것입니다.

— 페르난도Fernando, 토레 다비드 전 거주자

I: 과거 정치 경제
사회적 배경

곧은길이 끊긴 어두운 숲에
홀로 서 있는 나를 발견했다.[1]

어느 목요일 밤 11시 30분, 남녀 40여 명이 토레 다비드라고 알려진 미완성 고층
건물 단지의 로비에 모였다.[2] 그곳은 카라카스의 리베르타도르 지역[3]에 있는 라
칸델라리아와 산베르나르디노 바로 옆이었다. 사람들이 모인 곳은 높고 둥근 유리
지붕이 덮인 아트리움이 될 공간이었지만 지금은 지붕도 없이 밤하늘에 그대로 노출된
채 조명이라고는 벽에 걸린 줄에 매달린 형광등 불빛에 겨우 의지하고 있는 수준이다.
게다가 최근에 닥쳤던 태풍의 여파로 바닥 곳곳에 파인 웅덩이에 물이 고여 있고, 방금
시동이 꺼진 오토바이 몇 대에서는 엔진 식는 소리가 들리고 있다.

　　여기 모인 사람들은 이 초고층 건물 토레 다비드 거주자들을 대표하는
사람들이지만, 외부 사람들에게는 이들도 그저 〈불법 거주자〉 혹은 〈침입자〉일 뿐이다.
물론 그들은 〈이웃〉이라고 불리고 싶겠지만 말이다. 이곳에 모인 사람 중에는 각 층을
담당하는 관리자도 있고, 단순히 이 공동체의 복지를 염려하는 공공심 많은 일반
거주자들도 섞여 있다.

　　사회 복지 및 재정 담당 총무이자 토레 다비드의 총무인 글라디스 플로레스는

1　단테 알리기에리Dante Alighieri, 『신곡La Divina
Commedia』, 「지옥Inferno」 1, 2~3. 돌이켜 생각해 봤을 때,
베르길리우스의 도움으로 단테는 그가 어떻게 〈곧은〉 길을
잃게 되었는지를 이해하게 되었고 그리고 마침내 구원을
얻었다. 카라카스가 어떻게 길을 잃게 되었는지를 이해하는 것,
그리고 어떻게 그것을 회복할 수 있는지를 깨닫는 것은 매우

중요하다.
2　이 프로젝트에서 사용되는 몇 가지 명칭은 다소 혼동을
가져다 준다. 복합 단지란 원래 센트로 피난시에로 콘피난사스
(Centro Financiero Confinanzas, 콘피난사스 상업 업무 지구)
라는 이름이었고, 여러 개의 구조체로 구성되어 있는데(본문의
2장), 그중에서도 가장 높은 고층 건물을 건물 A동이란

자그마한 체구의 47세 여성으로 언뜻 보아도 실세의 분위기를 풍긴다. 그녀가 정숙을 외치자 사람들은 모두 일어서서 관례적으로 하는 시작 기도를 하려고 두 손을 모아 쥐었다. 거주자 중 많은 사람들이 알렉산데르 다사가 이끄는 에반겔리칼 펜테코스탈(복음 성령 감림) 교회의 교인이다. 알렉산데르 다사는 타워 협동조합의 회장이며 〈엘 니뇨〉라는 별명을 갖고 있다. 그는 2012년 10월 재선에 승리한 우고 차베스 대통령이 그들에게 거주권을 줄 것이라는 강한 신념을 피력하며 20분간 설교를 했다. 다른 연설자들 역시 정치적인 문제에 대한 각자의 견해가 있었다. 두 명의 층 관리자는 어떻게 하면 토레 다비드의 거주자들이 베네수엘라 통합 사회당[PSUV]의 공식 당원으로 등록할 수 있는지에 대한 방법을 설명했다. 전 거주자였고 다른 곳으로 이주한 후에도 이들의 점유 행위를 오랜 기간 지지해 왔던 페르난도는 정부라는 것에는 진절머리가 난 사람답게, 무정부주의의 장점에 대해 설명하기도 했다.[4]

　　마지막으로, 거주자들을 조심스럽게 지켜보던 건축 및 도시 설계 사무소의 대표가 의견을 내기 위해 자리에서 일어섰다. 그는 이곳에 모인 사람들에게, 이곳의 거주 공동체가 그동안 토레 다비드를 현재의 집이라는 모습으로 변형시켜 왔던 방법과 과정 등을 문서화하면서, 거주자들과 함께 작업하기도 하고 민간 부문의 참여도 요청하면서 다양한 물리적 개입 계획 및 실험적인 프로토타입을 구상, 건설하고 테스트하는 등의

명칭으로 불렀다. 그리고 나중에 개발자인 다비드 브릴렘버그의 이름을 따서 토레 다비드라고 불리게 되었는데, 이 이름도 그 복합 단지를 이르는 또 다른 환유적인 표현이다.
3　리베르타도르와 미란다 주의 차카오, 수크레, 바르타, 엘 아티요를 합쳐서 카라카스라고도 하지만 리베르타도르 지역만을 카라카스라고 한다 — 옮긴이주.

4　페르난도가 이 회의에 참여한 것은 어쩌면 꽤 모순적이기도 하다. 법을 어기고 침입한 이들을 지지하는 이 열성적인 무정부주의자의 직업은, 카라카스의 5명의 시장 중 1명의 밑에서 일하는 시청 공무원이니까 말이다.

모든 작업에 도움이 되고 싶다는 의견을 발표했다.

　　1980년대와 1990년대에 거대 기업 자본가의 낙천주의적 생각에 의해 구상되고 착수되었다가 결과적으로 폐허가 된 포스트모던 초고층 건물이 어떻게 사회적인 자치 조직을 가진 그리고 무정부주의적인 성향을 띤 3천여 명의 무단 점유자들의 집으로 변모할 수 있었을까? 카라카스는 어디에서부터 길을 잃은 걸까? 이 질문들에 대한 답은, 현대 베네수엘라에서 불거지는 다른 문제들에 대한 답과 마찬가지로, 바로 석유의 광상鑛床에서 시작된다.

부의 창출과 경제적 성장

검은색의 금, 석유

베네수엘라에서 1914년 처음 상업적 유정油井을 시추한 이후부터 석유 판매량은 급증했다.[5] 1925년 즈음에는 커피와 카카오의 수출량을 앞질러 가장 주된 수출품으로 자리잡았다.[6] 그리고 불과 3년 후에 베네수엘라는 원유 추출 부분에서 세계 선두 국가가 되기에 이른다.[7] 그 이후 40년간은 전 세계의 석유 소비량이 지속적으로 증가하였고 이로 인해 얻게 된 석유 수출 관세 덕분에 어느 정도 안정적인 경제 성장이 지속되었다. 1960년 베네수엘라는 이란, 이라크, 쿠웨이트, 사우디 아라비아와 함께 석유 수출국 기구OPEC의 창립 회원 국가로 합류한다.

1950년대와 1960년대에는 베네수엘라의 원유 가격이 매우 안정된 상태였음에도 불구하고, 자국의 단기적인 이익을 얻기 위하여 일으킨 1972년 아랍-이스라엘 분쟁 때문에 원유 시장은 근본적인 변화의 시기를 맞는다. OPEC 멤버 중 이집트, 시리아, 튀니지와 같은 아랍 국가들은 미국이 이스라엘을 지지한 것에 대한 보복으로 원유 금수 조치를 단행했는데, 그 틈을 타서 베네수엘라가 원유 생산과 수출량을 증가시킴으로써 그 공백을 대신 차지하였다. 단지 1년 만에 베네수엘라의 경유용 원유 값이 200퍼센트 뛰어올랐고, 결국 카를로스 안드레스 페레스의 첫 임기 동안 어마어마한 부가 창출되었다.[8]

석유로 인한 수입이 넘쳐나자 베네수엘라 정부는 계속 돈을 흥청망청

5　H. 마이클 타버H. Micheal Tarver, 줄리아 C. 프레더릭 Julia C. Frederick, 『베네수엘라의 역사The History of Venezuela』(2005), 82면.

6　스티브 엘너Steve Ellner, 「서론: 변명을 찾다Introduction: The Search for Explanations」, 『차베스 시대의 베네수엘라 정치에 관해서Venezuelan Politics in the Chávez Era』(2003), 7~26면.

7　H. 마이클 타버, 줄리아 C. 프레더릭, 앞의 책, 15면.

8　앞의 책, 페레스는 그의 두 번째 임기 중 소위 말하는 〈사막의 폭풍〉이라고 불리는 걸프전으로 인해 미국이 중동으로부터 원유 수입에 문제가 생기자 그에 대한 보충으로 베네수엘라에게 기름 생산을 증대하라고 요청했을 때, 이와 유사한 혜택을 입었다.

쓰기 시작했다. 1974년부터 1979년까지 단지 5년 만에, 지난 143년간 바뀐 여러 베네수엘라의 모든 정부[9]가 사회, 교육, 주택, 위생 또는 교통 기반 시설에 투자하면서 소비했던 돈보다 더 많은 돈을 소비하기에 이르렀다.[10] 페레스가 카라카스를 진정한 글로벌 도시로 만들려고 했던 구상 자체는 이상적인 것으로도 볼 수 있지만, 그 계획은 1970년대에 지배적이던 원리들, 예를 들면 그 자체가 갖는 중압감 때문에 쇠락해 버린 중앙 집권적 대규모 계획과 같은 개념 등에 의해 그 실현이 제한적일 수밖에 없었다. 그런 유토피아적인 생각은 거대한 거주, 경제, 복합 문화 단지이자 사실상 하나의 자치 도시라고도 볼 수 있는 파르케 센트랄을 만들어 냈다. 심지어 더 이전인 1950년대와 1960년대에도 카라카스는 이미 건축 기술 분야에서 세계적으로 유명한 사람들의 마음을 끌어 카를로스 라울 비야누에바Carlos Raúl Villanueva는 대학 도시의 건축물들을, 지오 폰티Giò Ponti와 리차드 노이트라Richard Neutra는 개인 주택들을 디자인하였고, 미스 반 데어 로에Ludwig Mies van der Rohe 및 발터 그로피우스Walter Gropius 등과 같은 모더니즘 거장의 제자들도 건축 사무소를 설립한 예가 있다. 이러한 해당 분야의 권위자들, 그들의 고객들 그리고 그 후배들을 위해서 카라카스는 건축이나 도시에 관한 실험적 작업을 할 수 있는 연구실이 되었고, 자본과 건축적 혁신이 융합되는 중심지가 되었다.

중앙 집권화 정책은 주변부(페타레의 거대한 바리오와 23 드 에네로 지역을 포함한)에서 도시의 심장부까지 연결하는 카라카스 지하철 개발의 기저를 이루었는데, 그 결과 계획적으로 세워진 도시에 무계획적인 개발이 난립하게 되는 의도치 않은 결과를 낳았다. 결국 합리적이고 모더니즘적이었던 처음의 계획이 결과적으로는 그 의미를 상실하고 만 것이다. 반면에 페레스 대통령의 첫 번째 임기 동안 공직 고용률은 두 배로 증가했고,[11] 베네수엘라 국민들은 공공 서비스나 혜택 등이 신속해지고 극적으로

---

9 ˈ H. 마이클 타버, 줄리아 C. 프레더릭, 앞의 책, 125면.
10 존 V. 롬바르디John V. Lombardi, 「서막: 베네수엘라의 영원한 딜레마Prologue: Venezuela's Permanent Dilemma」, 『차베스 시대의 베네수엘라 정치에 대해』(2003), 1~6면.
11 H. 마이클 타버, 줄리아 C. 프레더릭, 앞의 책, 126면.

개선되는 것에 만족하고 익숙해져 갔다.

페레스의 계획은 단지 카라카스에만 국한된 것이 아니었다. 1975년 1월, 베네수엘라 정부는 철과 강철의 수출량 증대를 위해 철과 알루미늄 산업을 국영화하였다. 1975년 건설된 세계에서 세 번째로 큰 수력 발전 댐인 구리 댐은 이 철강 산업의 발달을 가속시키는 역할을 했다. 1960년대 초 MIT와 하버드 출신 전문가들의 디자인과 계획으로 개발된 모더니즘 산업 센터이자 도시인 시우다드 구아야나 역시 그랬다. 하지만 시우다드 구아야나는 주변 지역의 배경(사회, 경제, 문화, 기후 등)에 대한 고려 없이 갑자기 아무 지역에나 도시를 개발하는 것은 사회적 부작용을 야기할 수 있다는 비판을 받기도 했다. 그리고 처음 20여 년간은 구리 댐이 카라카스에 별 문제없이 풍부한 전력을 제공해 주었지만, 도시가 급속히 성장함에 따라 전력 요구량이 지나치게 증가하면서 그 공급을 초과하게 되었다. 지속적으로 증가하는 전력 사용량과 더불어 전력 설비의 유지 보수 관리 및 설비 개선의 부재(일례로, 댐에 사용되는 네 개의 터빈 중 두 개만이 가동된다) 등으로 인해 카라카스에는 공급량 부족과 정전 사태가 빈번히 발생하고 있다.

중앙 집권화 정책과 국영화 계획은 정부 행정과 관련된 모든 안건에 대해 지속적으로 압도적인 우위를 차지했다. 1976년에는 베네수엘라에서 운영되던 모든 외국계 정유 회사들이 국영화되었다. 처음에는 좋은 방침으로 여겨졌다. 왜냐하면 1980년에는 석유 산업이 국가 세입의 70퍼센트를 차지했기 때문이다.[12]

만일 어떤 상황이 현실이라고 믿기에 너무 완벽한 게 아닌가 하는 의심이 생긴다면, 거기에는 의심할 만한 이유가 있기 때문일 것이다. 결국 대통령을 비롯한 정부 기관의 공무원들이 거대한 부에 현혹되고 주의가 산만해져서 급속도로 증가하는 국가

---

12 H. 마이클 타버, 줄리아 C. 프레더릭, 앞의 책, 125면.

카라카스의 우르다네타 길, 1961년 9월 7일
석유로 인한 부의 유입으로 카라카스에 자동차 문화가 성장했다.
사진 모두: 아키보 포토그라피코 쉘 CIC UCAB

카라카스의 우르다네타 길, 1958년 7월 15일

부채, 특히 모든 자본을 우선적으로 철과 강철, 알루미늄 산업의 개발에 투자한 결과로
눈덩이처럼 불어난 부채의 상환 비용을 정부 예산에 포함시키지 못하는 상황이 발생하고
말았다. 라틴 아메리카 역사학자이자 베네수엘라 전문가인 존 롬바르디 교수는 이에
대해 다음과 같이 간단명료하게 언급했다.

〈거의 자포자기 상태의 상황에서, 정부는 관료 정치 운영에 충분한 세입을
창출하기 위해 수출을 강화하고, 그 후에 남은 세입을 가지고 사회를 개선하고 수출
경제를 다양화하는 데에 사용하려고 한다. 채취 산업을 통한 수출 주도형 정책[13]은
정부로 하여금 베네수엘라 상품 가격을 거의 온전히 세계 시장 가격에 맞추어 묶어 놓게
만드는데, 문제는 그 가격들은 단기적 경기 순환 주기에 따라 등락을 거듭한다는 점이다.
결과적으로 말하면, 다시 가격이 하락하고 새로운 주기가 시작되기 전에 정부가 할 일을
할 수 있는 데까지 주어진 시간은 매우 짧다. 따라서 종종 그 진행 속도를 높이거나 그
기간을 연장하기 위해 자금을 빌리게 되는데, 문제는 자금을 빌릴 때 국가 부채 상환을
위한 기금을 조성하려고 오히려 이 수출 주도형 정책에 점점 더 많이 의존하게 된다는
점이다.〉[14]

베네수엘라인들은 삶의 수준이 꾸준히 향상되는 것에 대해 아주 만족스럽게
적응해 갔고 정부 보조율이 높은 상품을 얻는 데 익숙한 나머지 정부에 대한 의존도가
높아지는 데에 따르는 어떤 부정적인 면도 눈치 채지 못했다. 결국 현재의 만족에 눈이
멀어, 곧 닥칠 가까운 미래를 보지 못한 것이다.

블랙 프라이데이

상당한 금액의 외채, 그 빚을 갚아야 한다는 국내외의 거대한 압력, 국내의 세입을 주로

---

13 19세기 라틴 아메리카의 수출품 생산과 관련된 수출 강화
모델을 지칭한다 — 옮긴이주.
14 「서막: 베네수엘라의 영원한 딜레마」. 베네수엘라에서는
18세기에는 카카오, 19세기에는 커피, 20세기에
들어서면서부터는 석유 등의 채취 산업품을 생산, 수출하고 그
수출품에 세금을 매김으로써 그것으로 정부를 꾸려 나가는
자금을 마련했는데 이 과정에서 세계의 시장 가격에

베네수엘라의 주요 수출품의 가격을 맞추다 보니
베네수엘라의 주요 수출품의 시장 가격이 전 세계적으로
떨어질 때 베네수엘라는 경제적으로 타격을 입게 된다. 게다가
그 가격이 빠른 주기로 등락을 거듭하기 때문에 그 주기에
맞추어 경제 모델을 유지하기가 점점 쉽지 않게 된다. 이런
과정이 반복되면서 베네수엘라는 어려운 상황을 빠져나가기
위해서 다른 경로보다 오히려 이 수출 주도형 정책에 점점 더

해외로부터 끌어들이는 데 의존하는 정책 등으로 인한 그들의 첫 번째 희생양은 아주 오랫동안 가장 안정된 통화로 여겨져 왔던 바로 볼리바르 자체였다.[15] 1983년 2월 18일, 5년의 임기 중 4년째를 맞고 있던 루이스 헤레라 캄핀스 대통령은 볼리바르의 통화 가치를 평가 절하하였다. 이것은 지난 40년 동안 처음 있는 일이었다. 그 결과로 인한 인플레는 중산층의 몰락을 가져왔고 그들의 예금 자산 가치는 순식간에 반 토막이 났다.

이후 〈블랙 프라이데이〉라고 불리게 된 이날 이후, 베네수엘라는 〈단지 물리적인 의미에서 뿐 아니라 이상적인 의미에서도 다시는 회생 불가능한 금융 위기〉로 향하는 급락의 소용돌이에 휘말리기 시작했다.[16] 1980년대에는 사회 복지에 대한 재정 지원도 감소되고 중산층 몰락의 정도도 매우 심각해졌다. 적어도 그때까지는 파트리샤 마르케스 교수가 언급한 것처럼, 석유로 인한 풍부한 자본 유입 덕분에 국가가 여러 가지 수많은 구조적인 문제들을 피상적으로나마 해결하게 함으로써, 심각한 사회적 충돌이 야기되는 것을 방지해 왔었다.[17]

검은 금요일의 암울한 그늘이 드리운 시기에도 여전히 베네수엘라에는 낙천주의자들이 남아 있었다. 그 낙천주의자들에 의해 1984년, 파르케 센트랄 복합 단지의 서쪽 타워, 메르칸틸 타워 그리고 BBVA 프로빈시알 은행 타워 등의 몇 가지 주요 건설 프로젝트가 착수되었다.

경제 위기 때문에 루이스 헤레라 캄핀스는 대통령에서 물러나야 했다. 그리고 1984년 하이메 루신치가 취임하였다. 하지만 4년이 채 지나기도3 전에 볼리바르는 또 한 번 평가절하되었고 이는 더 심각한 인플레를 초래했다. 루신치는 본인이 국가의 구세주임을 증명하지 못한 채로 1989년 2월 초에 자리에서 물러났다. 그때 베네수엘라 국민들은 미래를 구하기 위해 그리고 과거의 번영을 다시 되찾으려는 희망으로 페레스를

의존하게 됨으로써 점점 베네수엘라에서 경제 모델을 유지하고 변경하는 데 문제가 생긴다는 점을 강조하고 있다.
15 볼리바르는 베네수엘라의 화폐 단위 — 옮긴이주. 〈강력했던 볼리바르의 약세〉(『이코노미스트』, 2010년 1월 14일) www.economist.com/node/15287355
16 다니엘 헬링거Daniel Hellinger, 「정치적 개요: 푼토피호 양당 체제의 몰락과 차베스 체제의 발흥Political Overview:

The Breakdown of Puntofijismo and the Rise of Chavismo」, 『차베스 시대의 베네수엘라 정치에 대해서』(2003), 27~54면.
17 파트리샤 마르케스Patricia Márquez, 「우고 차베스 현상: 대체 사람들은 무슨 생각을 하고 있는가?The Hugo Chávez Phenomenon: What Do 'the People' Think?」, 『차베스 시대의 베네수엘라 정치에 대해서』(2003), 197~213면.

다시 한번 대통령으로 선출하게 된다.

민중 운동, 카라카소

정말 놀라울 정도로 짧은 시간 안에 페레스 역시 해결사가 아니라는 사실이 극명하게 드러났다. 페레스가 임기를 시작하고 단 14일이 지난 후, 그는 일명 경제 패키지라는 것을 발표했는데, 이것은 IMF를 기반으로 하는 구조 조정 프로그램이었다. 이 프로그램과 더불어 페레스는 금리를 자율화하고, 고정 환율을 없앴다. 이 프로그램은 결과적으로 그가 임기를 시작한 지 6개월 만에 〈달러에 대한 볼리바르 대외 구매력의 거의 3분의 2를 잃는 결과를 낳았다.〉[18] 페레스 역시 정부의 보조금을 삭감하고 민간 기업에 매도할 국영 기업의 목록을 작성했다.[19] 심각한 인플레가 지속되고 실업률이 급등했다. 자유 시장 경제의 충격 요법으로 제정된 가장 첫 번째 조치 중의 하나는 석유 보조금을 없애는 것으로, 이 조치에 대한 내용이 2월 25일과 26일 주말 양일에 걸쳐 발표되었다.

이로써 정말 말 그대로 하룻밤 사이에 석유 가격이 100퍼센트나 치솟았다. 정부는 강제적으로 대중교통 요금을 30퍼센트나 올렸다. 마르가리타 로페스 마야가 지적한 바와 같이, 정부가 채택한 신자유주의적 구조 조정 프로그램은 마치 국가 가부장주의에서 자유방임주의로의 변혁, 혹은 〈윤리적 경제의 배반〉에 이르는 수준이었다.[20] 이로 인해 이제까지 국가의 가부장주의 정책의 산물을 마치 자신들의 권리처럼 여겼던 빈곤층들은 버림받았다는 생각까지 하게 되었다. 페레스 자신의 정당 동료들도 배반당한 느낌을 받았고 그들은 자신들의 정치적 기반이 축소될 것을 우려한 나머지 재빠르게 페레스의 개혁과 행정에 반대하는 입장을 취하기 시작했다.

18   제임스 브룩James Brooke, 「국제 리포트: 라틴 아메리카는 두 가지 측면에서 회복을 추구한다International Report: Latin America Pursues Recovery on 2 Fronts」(「뉴욕 타임스」, 1989년 8월 28일, http://goo.gl/pcAoyl)

19   앞의 문헌.

20   마르가리타 로페스 마야Margarita López Maya, 「1989년

베네수엘라의 카라카소: 군중의 시위와 제도적 결함The Venezuelan Caracazo of 1989: Popular Protest and Institutional Weakness」(「라틴 아메리카 연구 저널Journal of Latin American Studies」, 35-1호, 2003년 2월).

학생들과 노동자들은 월요일 아침 출근을 시작하자마자 정부가 강제적으로 인상한 과도한 요금을 요구하는 대중교통 운전기사들과 마주쳐야 했다. 이것은 서민들의 지갑에 직접적인 공격을 가한 것이었고, 이미 극도로 불안한 상황을 느끼고 있던 사람들에게는 감당하기 힘든 일이었다. 학생들은 시위에 가담했고, 그 숫자는 급격히 불어났다. 경찰 인력이 제한된 관계로 시위자들을 모두 검문하지 못하고, 공무원들의 이에 대한 행정 처리 시간까지 지연되면서 시위는 더 격렬해지고 약탈 행위 및 주요 도로를 차단하는 행위 등이 카라카스를 비롯하여 나라 전체의 여러 도시에 급속도로 퍼져나갔다.[21]

페레스 대통령은 24시간 후 마침내 계엄령을 선포하고, 헌법의 특정 조항들을 유예시키고, 저녁 6시부터 아침 6시까지 통금을 실행했다. 이로 인해 잠정적으로는 고요해졌지만 그 대가는 매우 컸다. 정부가 집계한 사망자 수는 287명이었으나[22], 실제 사망자 수는 어떤 자료에 근거를 두느냐에 따라 3백여 명에서 1천5백여 명까지 그 오차가 벌어졌다.

하지만 어떤 의미에서 보면 이러한 시위 자체는 당시 베네수엘라로 보면 가장 사소한 골칫거리라고 볼 수 있었다. 경제 개혁으로 인해 1989년에서 1991년까지 베네수엘라에서 〈누적된 인플레이션율은 전례 없는 150퍼센트에 달했다.〉[23] 경제와 정치의 흥망성쇠는 결국 베네수엘라 국민에게 힘든 경제적 현실로 다가왔고 뼈아픈 교훈을 남겼다. 〈내일은 생각하지 마라. 돈은 조금이라도 가치가 있을 때 써버려라.〉[24] 너무나 뼈저린 교훈을 얻은 베네수엘라는 아직까지도 소비 문화가 만연한 나라로 알려져 있고, 심지어 바리오에 거주하는 사람들도 저축해야 할 돈을 소비하면서 직접 손으로 만질 수 있는 물질적인 것을 사두려는 경향이 있다.

21 앞의 문헌.
22 다니엘 헬링거, 「정치적 개요: 푼토피호 양당 체제의 몰락과 차베스 체제의 발흥」.
23 H. 마이클 타버, 줄리아 C. 프레더릭, 『베네수엘라의 역사』 (2005), 140면.
24 존 V. 롬바르디, 「서막: 베네수엘라의 영원한 딜레마」.

도시의 구조 자체를 유지하는 데 드는 비용 역시 그 이후로 계속 증가했다. 중앙 집권화 과정으로 인해 셀 수도 없이 많은 사람들이 일자리를 찾아 지방에서 카라카스로 모여들게 되었다. 1971년부터 1981년까지 단 10년 만에, 카라카스의 총인구는 320만에서 480만으로 증가했다. 어떤 통계 수치에 의하면, 그 수치를 잰 지역의 범위를 어떻게 정하느냐에 따라 다르긴 하지만 현재 카라카스의 인구는 약 600만 또는 그 이상으로 본다.[25]

도시는 폭발적인 인구 급증과 폭동에 대한 대비가 되어 있지 않았기 때문에 제어 불가능한 상태가 되어 버렸다. 5개의 반＊자치적 지방 자치 단체들은 각각 준＊민간 경찰력을 배치하여 그들만의 〈안전 지대〉를 형성함으로써, 도시를 혁명파와 보수파로 갈라놓았다. 후자는 어떤 정부도 그들을 보호해 줄 수 없다는 불신에 민간 경비 업체에 수십억 달러를 들여 소수 민족 집단 거주지에 가시 철조망과 유리 조각이 깔린 담장과 게이트를 설치했다. 현재의 카라카스는, 세계에서 폭력이 난무하는 도시 중의 하나로 손꼽힌다. 2011년에 리베르타도르 지방 자치 구역 한곳에서 일어난 살인만 2천215건에 달했다.[26] 게다가 카라카스는 정치, 경제, 문화적 도시 구조가 가장 많이 파괴된 도시 중의 하나이기도 하다. 주요 도로는 도시의 기본 구조를 단절시키고 있고, 공동체나 지역 간＊을 서로 분리시킨다. 따라서 사람들은 자신들의 안전이 위협받을 수 있다는 두려움에서 벗어나기 위해 도로 곳곳에서 행해지는 폭력으로부터 동떨어진, 쇼핑몰 등과 같은 도시 생활의 거품 속으로 끌릴 수밖에 없는 것이다.

---

25 카라카스의 어떤 인구 조사도 — 어떤 상황에서 어떤 방식으로 그 숫자를 세려고 해도 — 여러 가지 상황 때문에 제대로 된 조사가 불가능하다. 따라서 어떤 조사원도 이제까지, 언덕 지역의 바리오는 차치하고라도, 페타레의 바리오에 있는 인구 수조차 정확하게 알아낸 적이 없다. — 옮긴이주.

26 〈카라카스는 세계에서 세 번째로 가장 폭력적인 국가 하부 관할 구역이다Caracas is the world's third most violent sub-national jurisdiction〉(「엘 우니베르살El Universal」(카라카스), 2012년 4월 27일, http://goo.gl/9G6kQW)

경제적 혼란기에 착수된 토레 다비드 건설

그래도 어떤 사람들에게는, 카라카스의 미래는 여전히 밝아 보였다.

1990년 1월, 카라카스 시내의 리베르타도르 자치 구역에서 센트로 피난시에로 콘피난사스(토레 다비드)의 공사가 시작되었다. 그 위치는 어느 곳보다 유리한 입지였다.

리베르타도르는 카라카스의 서쪽 편에 자리 잡은 곳으로, 도시를 둘러싸고 있는 계곡의 한가운데에 있다. 레알 드 사리아 길과 우르다네타 길이 교차하는 곳에 위치한 센트로 피난시에로 콘피난사스는 메르칸틸 타워에 인접한 대지에 있고 BBVA 프로빈시알 은행 타워와는 대각선으로 맞은편에 위치한다. 그리고 그 인근에는 두 개의 거대한 랜드마크가 있다. 그 랜드마크란 그때까지만 해도 남미에서 가장 높은 콘크리트 초고층 건물이었던 파르케 센트랄 복합 단지와, 캐리비안 해와 도시 사이에 자리 잡은 채 도시를 굽어보고 있는 산악 국립 공원 엘 아빌라이다. 바로 근처에는 1970년대에 건설된 간선 도로인 보야카 길이 있는데, 엘 아빌라 공원의 기저 부분을 따라 죽 이어져 있다. 동쪽으로는, 바리오인 사리아가 있다. 이 바리오 또한 도시 주변에 산재하며 성장 중인 여러 개의 임시 소규모 집단 거주 지역 중 하나이다.

상징적이든 실제로든 정치와 경제 권력이 집중된 지역은 그 특징이 뚜렷하게 나타난다. 대통령 관저, 연방 입법 부처, 공공 행정부, 베네수엘라 중앙 은행 본부 그리고 도시에서 가장 높은 초고층 빌딩 등이 밀집한 이 지역은 카라카스의 월스트리트가 되었고, 경제의 중심지이자 글로벌한 도시를 건설하는 데에 가장 최적의 요충지가

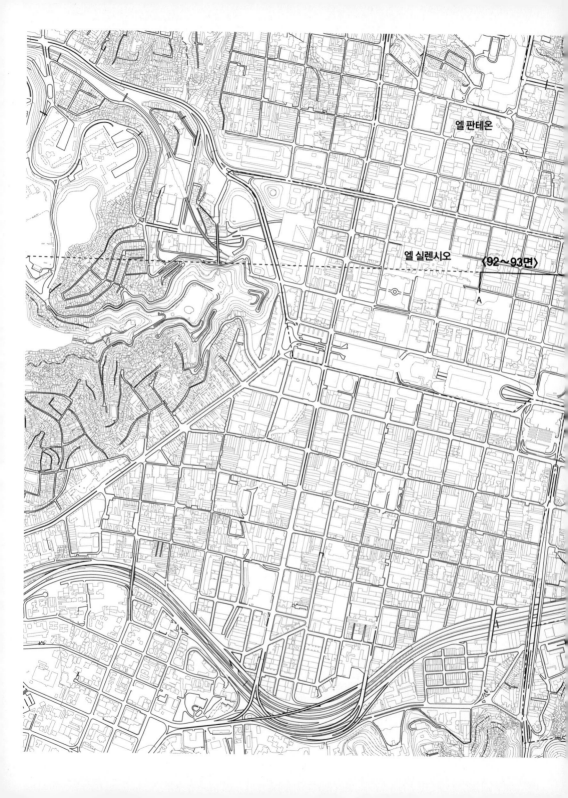

엘 판테온

엘 실렌시오   〈92~93면〉

A

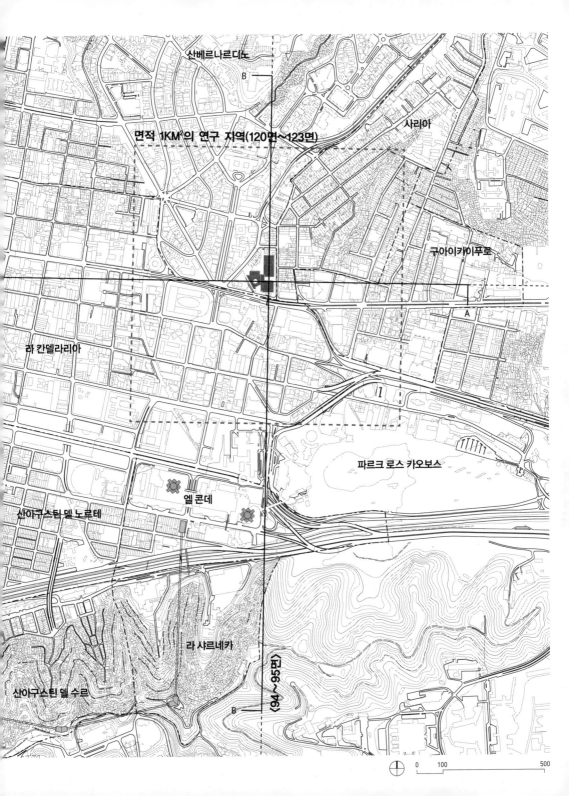

산베르나르디노

사리아

면적 1KM²의 연구 지역(120면~123면)

B

구아이카이푸로

A

라 칸델라리아

파르크 로스 카오보스

엘 콘데

산아구스틴 델 노르테

라 샤르네카

산아구스틴 델 수르

〈94~95면〉

B

0   100   500

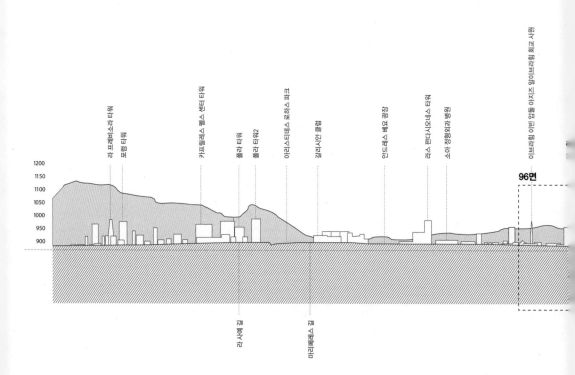

라 프레비소라 타워
포럼 타워
카프룰레스 빨스 센터 타워
돌라 타워
돌라 타워2
아리스티데스 론하스 파크
갈리시안 클럽
안드레스 베요 광장
라스 판다시오네스 타워
소아 청형외과 병원
이브라힘 이븐 얌돌 얌돌 아지즈 알이브라힘 최고 사원

96면

1200
1150
1100
1050
1000
950
900

라 사옐 길
마리페레스 길

해수면

지역 단면도 A-A(90면, 96면 참조)

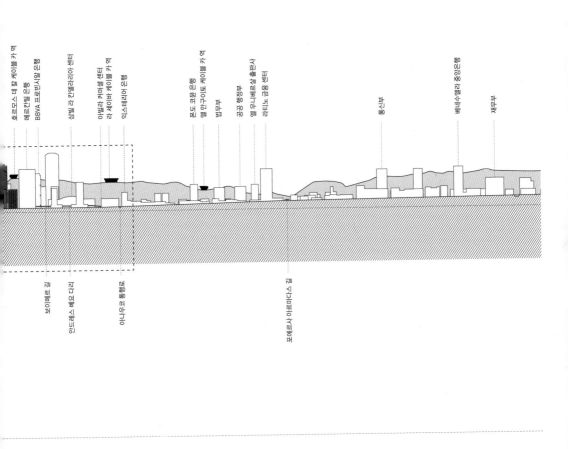

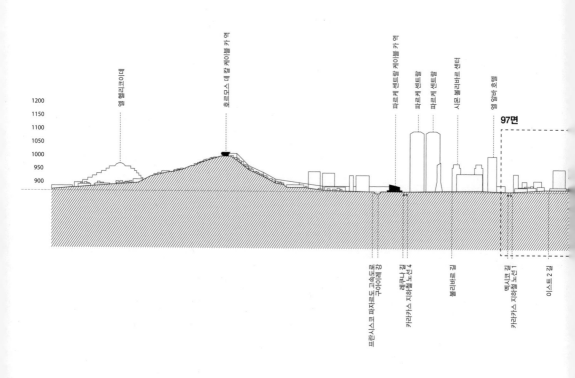

1200
1150
1100
1050
1000
950
900

엘 헬리코이대

훔볼트 대 강 케이블 카 역

파르케 센트랄 케이블 카 역

파르케 센트랄

파르케 센트랄

시몬 볼리바르 센터

힐튼 호텔

97면

프란시스코 파자르도 고속도로 구아이레 강

레쿠나 길

카라카스 지하철 노선 4

볼리바르 길

멕시코 길

카라카스 지하철 노선 1

이스트 2 길

해수면

지역 단면도 B-B (91, 97면 참조)

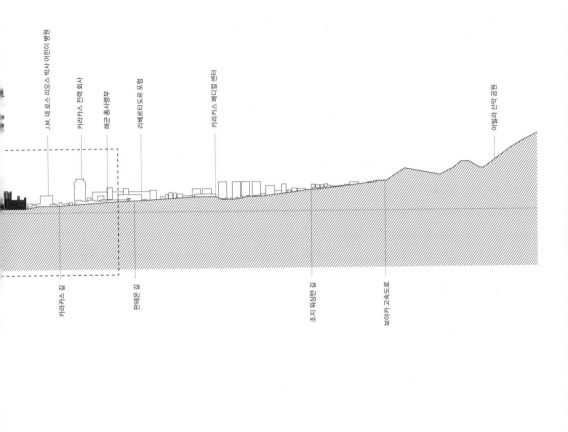

J.M. 데 로스 리오스 박사 어린이 병원

카라카스 전력 회사

해군 총사령부

리베르타도르 포럼

카라카스 메디칼 센터

아빌라 산악 공원

카라카스 길

판테온 길

조지 워싱턴 길

보아카 고속도로

0   100

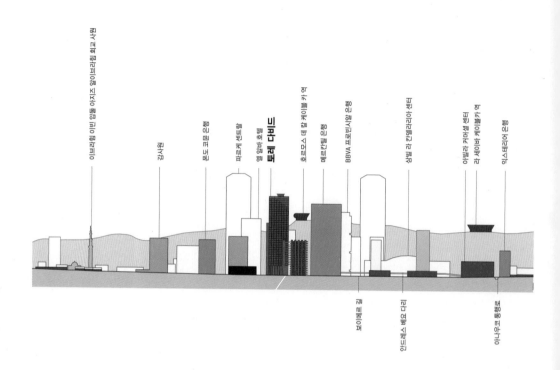

이브라힘 이븐 얼이브라힘 회교 사원

현사원

포르코멘 은행

파르케 센트랄

헬 알바 호텔

토레 다비드

호르무스 데 알 케이블 카 역

메르칸틸 은행

BBVA 프로빈시알 은행

강 프레메라

안드레스 베요 다리

삼벨 라 칸델라리아 센터

아발라 커머셜 센터
라 세이바 케이블 카 역

이스테리아 은행

아나우코 통행로

범례

- ■ 무단 점유
- ■ 정부 관련
- ■ 종교
- □ 주거
- ■ 의료
- ■ 교육
- ■ 상업
- ■ 은행
- □ 사무
- ■ 주차

지역 단면도 A-A

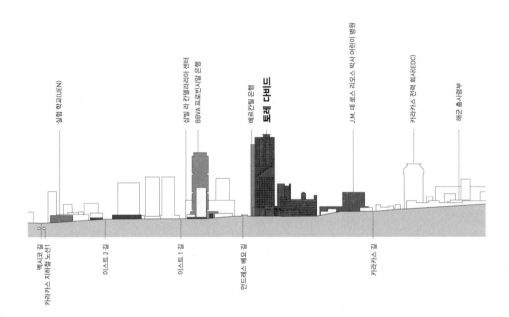

실험 학교(UEN)

센트 라 칸델라리아 센터
BBVA 프로빈시알 은행

메르칸틸 은행

토레 다비드

J.M. 데 로스 리오스 박사 어린이 병원

카라카스 전력 회사(EDC)

해군 종사령부

카라카스 지하철 노선1
멕시코 길

이스트 2 길

이스트 1 길

안드레스 베요 길

카라카스 길

0   50

되었다.

심지어 그런 부의 한가운데에서도, 센트로 피난시에로 콘피난사스는 시작부터 최고의 부와 명성의 전형이 될 목적으로 착수되었다.

이 전체적인 계획의 배후에는 개발자인 호르헤 다비드 브릴렘버그 오르테가가 있었다.[27] 그는 센트로 피난시에로 콘피난사스의 건설의 초기 투자자이자, 이 건물을 남미에서 개인 소유의 건물 중 가장 높은 초고층 복합 단지가 되도록 처음부터 고안했던 사람이다. 그의 아들인 다비드 브릴렘버그 주니어는 최근 어반 싱크 탱크와 한 인터뷰에서, 그의 아버지가 1983년에 그 근처에 또 다른 타워를 세웠다는 얘기를 전해 주었다. 그리고 10년 후, 다비드 브릴렘버그는 나중에 토레 다비드를 건설하게 된 그 일대의 부지를 구매하기로 결정했다고 한다. 그는 그때 이곳이 〈도시의 경제적 중추〉가 되기를 바랐다.[28] 다비드 브릴렘버그는, 그 당시로부터 4년에서 5년 안에 카라카스에서 사무 공간이 절대적으로 부족하게 되고 수요가 급증하게 될 것이라고 예상했기 때문에 카라카스의 은행 업무 지구의 심장부에서도 가장 최상의 부지에 근사한 사무실과 호텔 공간을 건설할 계획을 세웠다. 그러한 열정과 노력에 동참한 것이 그의 형제인 르네 브릴렘버그로, 그는 건설을 착수하는 데 매우 중요한 역할을 했다. 그 밖의 프로젝트의 대표 건축가였던 엔리케 고메스와, 설계과 개발을 이끌었던 브루어 앤 브루어의 마티아스 브루어, 건설 프로그래밍을 담당했던 켈레멘 앤 켈레멘의 프랑크 켈레멘, 콘크리트 전문가이자 계약 업자로 참여했던 테가벤이라는 포루투갈계※ 회사 등이 건설의 주역들이다.[29]

27 저자인 알프레도 브릴렘버그의 사촌이다.
28 다비드 브릴렘버그 주니어, 일라나 밀너와 다니엘 슈바르츠와의 인터뷰, 『카라카스/취리히』, 2012년 7월 2일
29 곤살레스 사베드라González Saavedra, 〈염소는 높은 곳에서도 돌진한다: 높이에 대한 자신감El Musmon Vuelve A

La Carga: Confianza En Las Alturas〉
(『인무에블리Inmuebles』(카라카스), 1992년 9월 30일),
10~18면.

건설 계획

센트로 피난시에로 콘피난사스를 이루는 5개의 콘크리트 구조체는 그것이 어느 시기, 어떤 건설에서 계획되고 착수되었더라도, 매우 원대한 설계가 되었을 만큼 엄청난 규모를 갖고 있다. 1992년의 인터뷰에서 르네 브릴렘버그가 추정한 바에 의하면 콘피난사스 복합 단지에 들어간 총 비용은 57억 볼리바르에 달할 것으로 예상되었고, 이것은, 당시의 미국 달러로 환산하면 약 8천2백만 달러에 이른다.[30] 주 건물인 건물 A동(토레 다비드)은 45층까지 지어졌고, 그 위에는 헬리콥터 이착륙장까지 얹혀졌다. 맨 아래층부터 6층까지는 호텔 관련 서비스 시설이 들어서고, 7층부터 16층은 호텔이 될 예정이었다. 18층에서 45층은 콘피난사스 그룹과 메트로폴리탄 신용 은행을 위한 약 3만 제곱미터 넓이의 사무 공간으로 계획되어 있었다. 17층은 사무직 종사자들을 위한, 기밀하게 밀봉된 구조의 방화 구획 형태의 거주지로, 화재가 발생했을 경우 약 4시간까지 강도 높은 열을 견딜 수 있도록 설계되었다. 사무직 고위 관리가 머물 호텔은 예정대로 지어졌다면 매우 호화로웠을 것으로 예상된다. 이탈리아산 대리석으로 이루어진 부분만 2만 1천 제곱미터가 넘고, 하니웰사의 최첨단 보안 시스템으로 보안이 유지될 예정이었다.[31]

건물 B동은, 약 16층 높이로 설계되었는데, 81채의 아파트먼트 스위트를 고위 간부들에게 거주지로 제공할 예정이었다. 6층에 있는 수영장은 건물 A동과 연결된 통로를 통해 호텔 이용 고객들이 사용할 수 있도록 설계되었다. 나중에 설계에 추가된 건물 K동은 A동과 B동 사이에 배치되어 6개의 엘리베이터가 설치된 엘리베이터 동으로 사용될 예정이었다.

대규모의 주차장은 자동차 위주의 도시에 있는 거대한 복합 단지로서는 반드시

---

30 앞의 문헌.
31 앞의 문헌.

필수적으로 갖추어야 할 요소였다. 10층짜리 주차장은 평균 890대의 차량을 수용할 수 있고, 주차 요원이 대기하는 경우에는 1천2백 대까지 수용할 수 있는 규모였다.

30미터 높이, 1천5백 제곱미터 넓이의 아트리움은 복합 단지의 심장부로, 둥근 유리 천장으로 덮여 있고, 도시 전경이 파노라마식으로 내려다보이는 전망 엘리베이터와 발타자르 로보의 예술 작품 그리고 화려한 호텔의 주 입구가 특징이다.[32] 복합 단지에는 쉰들러사에서 만든 23대의 엘리베이터가 가동될 예정이었고, 특히 사무실이 밀집된 층에는 초당 5미터 속도의 엘리베이터가 11대가 배치되고 저층에는 초당 3.5미터 속도로 운행되는 엘리베이터가 설치될 예정이었다.

이 모든 설계 계획에서 그나마 상대적으로 덜 훌륭한 요소를 찾는다면 그것은 바로 그 엄청난 건물의 규모이다. 건설이 반 정도 진행될 무렵, 건물 A동에 사용된 콘크리트만 3만 세제곱미터에 달했고, 복합 단지 전체의 균형을 위해서 들어간 콘크리트만 약 4만 세제곱미터에 달하는 것으로 추정된다.[33] 그리고 세 개 동을 모두 건설한다면 모두 9천4백여 톤의 강철이 사용될 것으로 예상되었다. 유리로 된 커튼 월의 디자인과 주조를 담당할 개발자로는 시어스 타워, 존 핸콕 센터, 월드 트레이드 센터, 홍콩 상하이 은행 타워의 입면을 공사한 것으로 유명한 커플스사를 선정했다. 건물 A동의 북쪽과 남쪽 입면은 강한 내구성과 악천후에 대한 저항력을 높이기 위해서 벌집 모양의 알루미늄 패널로 되어 있는 반면, 화재 확산을 위해 밀봉된 형태로 계획된 정면의 입면에는 약 3만 제곱미터에 달하는 크기의 유리 커튼 월이 사용되었다.[34]

건설이 진행됨에 따라 계속 증축이나 설계 변경이 이루어졌는데, 이는 A동과 B동 사이에 K동이 추가된 것 뿐 아니라 건물 B동에 세 개의 층을 더한 것 그리고 다비드 브릴렘버그의 개인적인 주장에 따라 옥상에 헬리콥터 이착륙장을 만든 것이 포함된다.

32 엔리케 고메스Enrique Gómez와 홀리오 레이Julio Rey, 라파엘 마차도Rafael Machado 와 마티유 퀼리치 Mathieu Quillici와 인터뷰. 2012년 2월 15일. 엔리케 고메스는 센트로 피난시에로 콘피난사스 프로젝트의 건축가였고, 홀리오 레이는 그 건설이 진행될 당시 고메스의 설계 사무소에서 인턴으로 일했다.

33 곤살레스 사베드라González Saavedra, 〈염소는 높은 곳에서도 돌진한다: 높이에 대한 자신감〉, 10~18면.
34 앞의 문헌.

그는 이 헬리포트를 만들어서 응급 상황 시에 추가적인 탈출 수단으로 사용되기를 바랐다. 또한 상파울루에서 그랬던 것처럼 카라카스에서도 헬리콥터로 인한 수송 방식이 대중화될 것이라는 확신을 갖고 있었기 때문에 교통 체증과 안전적 측면 두 가지를 해결하려는 바람이 있었다.

카라카스 정부 역시 이 개발 계획에 대한 열의에 사로잡혀 있었다. 건축가 엔리케 고메스는 센트로 피난시에로를 둘러싸고 있는 전체 도시 구조를 재디자인하기 위해 카라카스 철도 공사와 공동 작업하였다. 그 계획 중의 하나로 노스사우스 길을 지하로 옮길 예정이었는데, 이 부분에 대해서는 시장과 협력하여, 리베르타도르 자치 구역의 은행들에서 자금을 지원받았다.[35]

거의 4년간 복합 단지의 건물들이 차츰 솟아오르기 시작하여, 건물 A동은 마침내 주변의 마천루들과 그 어깨를 나란히 하는 높이에 이르게 되었다. 예정되었던 완공 시기는 1994년 7월이었고, 대망의 호텔 개원식이 그해 12월에 예정되어 있었다.

그러나 1993년 4월, 다비드 브릴렘버그가 겨우 55세의 나이로 사망하면서부터 사정은 급격하게 불길한 쪽으로 흘러갔다.

구조적인 안정성, 재정적인 무능력

다비드 브릴렘버그의 형제인 르네 브릴렘버그가 디자인과 건설 팀의 원조를 받아서 그 건설의 고삐를 이어받았더라면, 그렇게 극심한 상황까지 가지 않았을지도 모른다. 1994년 1월, 베네수엘라는 여러 은행이 도산함에 따라 경제적 부문이 힘을 잃게 된다.

가장 먼저 파산한 것은 당시 베네수엘라에서 두 번째로 큰 은행이었던 방코 라티노(라틴 은행)이었다. 그 후 거의 한 해 동안, 〈나라 전체의 반 이상에 달하는 47개의

---

35 엔리케 고메스와 훌리오 레이의 인터뷰, 2012년 2월 15일.

상업 은행이 국가 보증 보험 기구의 긴급 구제 대상이 되었다.〉[36] 다비드 브릴렘버그의 재정 담당이었던 콘피난사스 그룹은 그때까지 많은 은행들의 지원을 받고 있었다. 따라서 이 그룹 역시 파산하고 말았다. 건설을 지속시킬 수 있는 리더십이나 자금이 없어지자, 엔리케 고메스가 추정한 것이 맞다면, 당시 이미 건물 A동은 90퍼센트나 완성되어 있었는데도 불구하고, 건설은 바로 중단되고 말았다.

다비드 브릴렘버그의 토레 다비드는 비의도적 결과의 법칙을 가장 적절히 예시하는 것으로, 그 프로젝트의 흥망성쇠는 베네수엘라의 정치 경제의 호황과 불황 주기와 긴밀하게 연결되어 있었다. 스티브 엘너가 〈1989년 이전까지의 베네수엘라는 라틴 아메리카 국가 중 거의 완벽에 가까운 민주주의 국가〉[37]라고 얘기한 바와 같이, 브릴렘버그는 비록 막바지였으나 어느 정도 안정과 반영이 있었던 시기에 센트로 피난시에로 콘피난사스의 건설을 밀어붙일 계획을 세웠고, 1990년대 극단적인 개혁기와 정치적 혼란기가 시작될 무렵 바로 건설이 착수되었기 때문이다.

금융 기관 예금 보증 기금FOGADE

콘피난사스 그룹 계열의 은행이 도산한 뒤, FOGADE는 브릴렘버그의 재정 그룹의 자산을 압류했고 후에 토레 다비드로 알려지게 된 센트로 피난시에로 콘피난사스도 강제로 인수해 버렸다. 국가 기획 재정부와 제휴한 FOGADE는 베네수엘라의 모든 은행과 저축 및 신용 기관들 그리고 다른 기관들이 유치하고 있던 예금을 보증할 책임이 있다.[38] FOGADE는 또한 부채를 청산하기 위해 은행과 관련 회사들을 매각 조치할 수도 있다.[39]

FOGADE의 수중에서 토레 다비드는 12년간 비어 있는 채로 서 있었다.

36 「카라카스의 대혼란Chaos in Caracas」(「이코노미스트」, 1997년 4월 10일), www.economist.com/node/1044426
37 스티브 엘너, 「서론: 변명을 찾다」, 7~26면.
38 금융 기관 예금 보증 기금(FOGADE), 「목표Objetivo」 (베네수엘라의 볼리바르 정부).
39 앞의 문헌.

2001년에 FOGADE가 이 복합 단지를 미화 1천만 달러로 경매에 내놓았다. 하지만 유찰되었다. 다비드 브릴렘버그 주니어에 의하면, FOGADE가 복합 단지를 시장에 내놓았을 때, 〈뭔가를 해볼 수 있도록 주어진 기회의 기간은 고작 2~3년 안팎이었고 그 기간은 눈 깜짝할 새 지나가 버렸다. 그리고 5~6년 지나자 복합 단지의 완성에는 어느 누구도 관심조차 보이지 않게 되었다. 카라카스는 변화했다.[40] 베네수엘라 역시 변화했다.〉 2012년 9월 무렵까지도, 복합 단지는 아직 팔리지 않은 채로 남아 있었다.

간헐적으로 드나드는 불법 점유자들이나 약탈자들이 토레 다비드 안에 버려진 기계 부품들이나 건설 자재, 커다란 유리 창문 등 돈이 될 만한 것들은 뭐든지 가져가서 팔아 치웠다. 어려운 시기, 고통에 몸부림치는 경제 지구의 중심부에서 토레 다비드는 암울하게 침묵을 지킨 채 서 있었다. 토레 다비드는 1970년대와 1980년대 베네수엘라인들의 희망과 열정이 정박되어 있는, 엄청난 호경기에 뒤이어 일어난 경제적 대격변의 시대를 끊임없이 상기시켜 주는, 피하고 싶어도 피할 수 없는 슬픈 유물이 되고 말았다.

40 다비드 브릴렘버그 주니어. 2012년 7월 2일.

INMUEBLES

CARACAS - 30 DE SEPTIEMBRE 1992   AÑO 1 - Nº 3   Bs. 150

CONFIANZA EN LAS ALTURAS

Alarde de innovaciones en el mayor complejo de Latinoamérica

Es militar la administradora más grande del país

¿Sobreoferta en el mercado de oficinas?

Dos testigos del Renacimiento cultural mexicano

MERCADOS:
LITORAL CENTRAL • PUERTO PIRITU

Foto: Pineda - Lorenzo

〈높이에 대한 자신감, 라틴 아메리카에서 가장 큰 복합 단지에
이루어진 놀라운 혁신〉
1992년 9월 부동산 잡지 「인무에블리」에 소개된 토레 다비드

104

1992년 판 『인무에블리』에 실렸던 센트로 피난시에로 콘피난사스
(토레 다비드)에 관한 기사 사진들
사진: 『인무에블리』 / 피네다 이 로렌소

정치적 폭력, 법적 의제

경제 체제가 완전히 그 기능을 상실하자, 이제 정치적 통일체인 국가가 무너질
차례였다. 10년 동안 지속된 대격변의 진원에는 우고 차베스가 있었다. 그가 집권을
잡기 시작하던 시기와 토레 다비드의 건설 착수 시기가 일치하기 때문이다. 그의 집권을
위한 노력이 진행되던 중간 즈음인 1992년 2월 4일, 차베스와 볼리비아 혁명 운동
조직인 MBR-200[41]의 한 무리의 군부 장교들이, 결국은 단기간에 실패해 버리고 만
쿠데타를 일으켰다. 차베스는 쿠데타의 목표였던 페레스 대통령 체포와 미라플로레스
대통령 관저 장악에는 실패했지만, 대중의 관심을 포착하는 데는 성공했다.

　　　그는 쿠데타가 진압되고 감옥에 갔지만, 감옥에 가기 전에 대중에게 투쟁은
끝난 것이 아니라 이제부터 시작이라고 선언했다. 실제로, 1994년 그가 석방되고 3년
뒤, 차베스와 그의 지지자들은 차베스를 대통령에 선출시키기 위한 선거 운동을 목표로
그들만의 정당인 제5공화국 운동당[MVR]을 만들었다. 그들의 노력이 축적된 결과. 1998년
12월 6일 차베스는 결국 대선에서 성공을 거두었는데 그의 대통령 당선은, 〈기존의
양당 체제 거부〉[42]를 확실히 함과 동시에, 차베스를 〈1958년 베네수엘라의 구舊정치
모델에 대한 반대의 표상〉[43]으로 만들었다. 차베스는 이전의 페레스나 칼데라의 두 번째
임기 동안 표방했던 신자유주의 변혁에 대한 반발로 인민 해방이라는 진보적 정책을
내세웠다. 그는 1999년 2월 2일 취임했다.

　　　그 이후의 몇 년간 정치, 경제, 심지어는 천재지변까지 가세한, 완벽한 위기의

41　마르가리타 로페스 마야Margarita López Maya, 「우고
차베스 프리아스: 대통령 임기 동안의 그의 행보Hugo Chávez
Frías: His Movement and His Presidency」, 『차베스 시대의
베네수엘라의 정치Venezuelan Politics in the Chávez Era』
(2003), 73~91면. MBR-200은 1982년 차베스와 다른 젊은
군장교들이 〈부패로부터 구해내자〉라는 목적을 갖고 결성한
비밀 혁명 운동 조직이다. MBR-200은 처음에는 토론 형식의

그룹으로 시작되었는데, 카라카소가 발생했을 때 시위하는
시민을 진압하도록 명령을 받은 군장교들이 점점 더 그 명령에
불편한 심기를 느끼게 되면서, 말뿐이 아닌 보다 구체적인
행동을 취하는 성격의 조직으로 변모하였다.
42　H. 마이클 타버, 줄리아 C. 프레더릭, 『베네수엘라의 역사』,
149면.
43　앞의 책, 148면.

폭풍이 베네수엘라를 강타했다. 그리고 그중의 몇 가지가 토레 다비드에 아주 중요한
의미를 갖는다.

새 헌법의 개정

임기 시작 두 달여 만에 차베스는 1961년부터 효력을 가지고 있던 기존의 법률을
대체하기 위해 새로운 베네수엘라 헌법 제정을 추진했다. 새 제헌 국민 의회는
기록적으로 짧은 기간에 헌법 초안을 작성했고 국민 투표를 거쳤다. 그리고 새로운
헌법은 1999년 12월부터 효력을 발생했다.

특히 그중 한 가지 조항이 토레 다비드의 점유자들을 비롯한 모든 무단 점유 및
거주자들에게 중요한 의미를 가지고 있었다. 새 헌법 조항 82를 보면, 〈모든 사람들은
가족, 이웃과 공동체 모두를 인간적으로 살 수 있게 하는 필수적이고 기본적인 서비스가
충족된 주거 환경을 포함한 적절하고, 안전하고, 편안하면서 위생적인 주택을 가질
권리가 있다〉고 나와 있다. 이 조항은 또한 이 권리의 실현이 〈모든 지역에 있어서
시민들과 국가의 공동 책임이다〉라고 명기하고 있다.[44]

그의 첫 번째 선출 이후 몇 년간, 차베스는 유니버설 하우징[45]의 건설 기반을
마련하기 위해서 지방의 토지 분배에 대한 개념에 지속적으로 우선권을 부여했다.
따라서 그는 연설이나 TV 방송에서 〈적어도 5천 헥타르 또는 약 1만 2천350에이커에
달하는 농업 용지〉인 라티펀디오스[46]가 〈유휴〉되고 있거나 충분히 사용되지 않고 있다고
지속적으로 언급하기 시작했다.[47] 차베스는 이와 같은 유휴지는 정부에서 강제로 수용한
뒤 빈곤층에 분배하여 급증하는 주택 수요를 충족시키고, 동시에 베네수엘라의 국가적
농산물 생산량도 함께 증가시키는 방향으로 재검토해야 한다고 주장했다.[48]

44 카라카스 제헌 국민 의회Asamblea Nacional
Constituyente, Caracas, 「베네수엘라 볼리바르 공화국의 헌법
Constitution of the Bolivian Republic of Venezuela」
(카라카스: 정보 통신부, 2006).
45 모든 종류의 사람들의 욕구를 만족시킬 수 있는,
실용적이며 융통성 있는 디자인의 주거 형태 — 옮긴이주.
46 latifundios, 스페인어로 〈광대한 사유 농지〉라는 뜻 —
옮긴이주.
47 후안 포레로Juan Forero, 〈베네수엘라 토지 개혁이 유휴
농지를 몰수하려고 한다Venezuela Land Reform Looks to
Seize Idle Farmland〉(「뉴욕 타임스」, 2005년 1월 30일),
http://goo.gl/YT6KnZ
48 많은 토지 소유주들이 토지를 빼앗긴 뒤 제대로 보상받지
못했다.

우선 이러한 과정에는 국가의 토지 몰수에 대한 명백한 법적인 근거가 없었다. 하지만 차베스는 온갖 미사여구를 동원하여 아무리 불법적인 행동일지라도 개인과 단체의 무단 점유 행위나 토지 횡령과 같은 대중의 행동을 지지한다는 의지를 확고히 했다. 물론 국가와 민족을 위한다는 취지라고 주장하면서 말이다. 그는 또한 〈사유 재산〉보다 〈사회의 재산〉이 우선함을 강조했고 차츰 대통령령을 통하여 정부의 토지 몰수 행위를 정당화하기 위한 법적인 기반을 마련하기 시작했다.

비록 토지 개혁 정책이 처음에는 대규모 농업 용지에만(그 토지가 농업용으로 사용되고 있든, 정유 회사가 시추를 위해 임대를 하고 있든 상관없이) 초점을 맞춘 것이었지만, 대통령령에 의해서 그 개혁의 대상에 빈곤층이 전유하거나 불법 거주하고 있는 바리오 및 도심의 버려진 토지들까지 모두 포함되는 데까지는 그다지 오래 걸리지 않았다. 하지만 지방이나 도시의 사유 토지 역시 즉석에서 내려지는 법 해석에 의해 우선적으로 영향을 받는, 일관성 없고 애매모호한 정책 결정에 속수무책인 것은 마찬가지다. 이렇게 모든 개인의 자산과 토지의 소유권이 불확실한 상태에 놓일 수밖에 없기 때문에 자산의 교환 가치는 거의 없어져 버린다. 정부가 빈곤층에게는 토지를 놀리지 않도록 고무하면서, 이러한 법제를 기반으로 한 정부의 입지를 계속 유지하려는 노력을 동시에 하다 보니 결국 모순적이고 혼동이 난무하는 상황이 이어졌고, 강압적인 행정에 대한 적대적인 분위기를 만드는 결과를 낳았다.[49]

토지의 도용 행위를 고무하거나 합리화하려고 온갖 미사여구를 사용하다가, 차베스는 점차 법에 준하는 방법을 사용하기 시작했다. 처음에 사용하기 시작한 것 중의 하나는 2001년 11월 대통령령에 의해 제정된 〈토지법〉인데, 이것은 정부가 공공 소유의 토지를 소작농들에게 재분배하는 일의 기초를 닦은 법이 되었다.[50] 그 일이 있은 다음,

---

49 예를 들어, 〈시민〉과 〈거주민〉을 번갈아 가면서 비슷한 말과 반대말로 사용하는 등의 모순점이 드러났다. 재커리 로운 Zachary Lown이 그의 논문 「베네수엘라에서의 정부 주도의 혁명과 대중 투쟁 간의 갈등」에서 〈볼리바리안 혁명에는 노동자 계급의 행동주의와 입헌 민주주의의 법 지배 사이의 갈등이 내재한다〉라고 언급하였다.

50 후안 포레로, 〈베네수엘라 토지 개혁은 유휴 농지를 몰수하려고 한다〉, 47번 주 참조.

과거

2002년 2월, 차베스는 이미 정부 소유의 토지를 점유하고 있는 사람들을 포함하여 어떤 토지든 10년 이상 그 토지를 점유하고 있는 사람들에게 주택 명의를 이전해 주는 또 다른 대통령령을 발포하였다.[51]

또 추가적인 대통령령으로 불법 점유자들의 권리가 성문화되는 과정에 힘을 실어 주기도 했다. 이 대통령령에는 점유한 토지(일례로 카라카스를 내려다보는 바리오와 같은 경우 등)에 스스로 집을 짓고 사는 베네수엘라인들이 〈토지의 명의를 얻기 위해 정부에 탄원할 수 있는 권리〉를 규정하는 조항 1666번도 포함되어 있다.[52] 이로써 토지의 명의 이전을 촉구하는 수천 개의 도시 토지 위원회[CTUs] — 서로 인접한 토지를 점유하고 있는 가족들로 구성된 협동 조직 — 가 생겨났다.

2002년과 2010년 사이에 또 다른 부수적인 법령과 법률이 제정됨으로써 토지 분배와 관련한 결정권을 쥐락펴락할 수 있는 권한이 정부 기관에 넘어갔다. 대부분은 주택과 농업 지역 개발을 지원한다는 명목으로 공식적으로 정당화되었고, 이런 지원에는 빈곤층을 위한 엄청난 수량의 주택을 건설해 주겠다는 약속도 포함되어 있었다.[53] 그동안 이런 공식적인 법령 등에 사용된 어휘들이 다소 의미가 모호해서 혼동을 야기할 수 있었던 것에 비해, 2009년 8월 국민 의회에서 만장일치로 통과된 도시 토지법은, 그 어느 때보다 명백하고 〈노골적〉이었다. 이 법은 〈현재 미사용 중인 도시의 토지는 모두 누구든 마음대로 사용할 수 있다〉라고 규정하고 있다.[54]

자연이 (정부의 토지 몰수 행위의) 편을 들어 주다

2010년 12월, 카라카스는 파괴적인 위력의 홍수로 인해 도시 곳곳이 범람했다. 흔히 있는 일이었다. 이로 인해 언덕의 경사진 면에 자리 잡은 바리오와 거주민들의 안전을

51 타마라 피어슨Tamara Pearson, 〈새로운 베네수엘라 법이 도심의 유휴지를 공유지로 전환하다New Venezuelan Law Turns Unused Urban Land Into Public Land〉(2009년 8월 16일), venezuelanalysis.com/news/4726

52 그레고리 윌퍼트Gregory Wilpert, 〈베네수엘라의 은밀한 주택 혁명: 도심 토지 개혁Venezuela's Quiet Housing Revolution: Urban Land Reform〉(2005년 9월 12일), venezuelanalysis.com/analysis/1355

53 베네수엘라의 대규모 주택 단지 건설 계획 참조, www.mvh.gob.ve

54 타마라 피어슨, 〈새로운 베네수엘라 법이 베네수엘라의 유휴지를 공유지로 전환하다〉

위협했다. 추정치에 의하면 사망자는 25명에 이르고, 5천 명의 카라카스 주민들이 이재민이 되었다. 하지만 이 참사로 당황한 사람은 없었을 것이다. 이미 2001년에 콜롬비아 대학교의 여러 학문 분야에 걸친 연구 조사를 토대로 재해 위험률을 평가하여 그 결과를 도표로 나타내었는데, 적어도 당시 바리오의 약 20%가 고위험 지역인 것으로 나타났기 때문이다.[55]

위기에 대한 대처 방안의 하나로, 차베스는 홍수로 이재민이 된 사람들에게 미라플로레스 대통령 관저를 비롯한 정부 기관 건물과 민간 호텔 등의 공간을 피난처로 제공했다.[56]

베네수엘라 의회에서도 차베스에게 대통령령을 통해 법률을 통과시킬 수 있도록 18개월을 승인해 준 그 같은 달에 대통령 긴급 조치권을 통과시키는 재빠른 행동을 취했다.[57] 과연 새로운 법은 차베스에게 걸림돌 없이 효과적이고 재빨리 주택 위기에 반응할 수 있게 함으로써 홍수로 집을 잃은 사람들에게 이익을 주기 위한 것이었을까? 정부는 물론 그렇다고 대답했다. 하지만 비평가들은 대통령에게 주어진 권한의 범위가 너무 극단적으로 컸고 차베스가 이 인도주의적 위기를 이용하여 토지 소유주들로부터 추가적인 통제권을 쟁취한 것이라고 주장했다.

어느 쪽이 옳든 차베스는 승승장구하고 있었다. 2011년 2월, 베네수엘라 행정부는 토지와 주택을 위한 비상 조치법을 공표했다. 이는 정부로 하여금 놀고 있는 도심의 토지, 비거주용 건물, 주택 개발에 필요한 토지 등을 몰수할 수 있도록 하는 법이며, 또한 이렇게 몰수한 토지에 도시 재정비나 주택 프로젝트 개발을 마음대로 이행할 수 있도록 하는 법이었다.[58] 그리고 그 법은 또 행정부에게 〈정부가 주택 프로젝트 건설에 필요하다고 여기는 어떤 필요한 토지〉든 마음대로 할 수 있는 권한을 부여했고,

55 그 당시, 브릴렘버그와 클룸프너는 콜롬비아 대학교의 건축 계획 보존 대학원의 교수로 재직 중이었고, 어반 싱크 탱크는 미래의 재해 위험에 대한 전략 개발, 위험률의 최소화, 피해율 보고 등에 관련한 위원회에 참가하고 있었다. 하지만 그들의 계획과 권고 사항은 정부에 의해 무기한 보류되었다.
56 크리스 크라울Chris Kraul, 〈차베스의 토지 정책은 베네수엘라의 양극화를 초래했다Venezuela Polarized Over Chavez's Land Policy〉, 『로스 엔젤레스 타임즈』, 2011 4월 7일, http://goo.gl/0TK2xy)

57 〈베네수엘라 의회가 우고 차베스에게 더 많은 권한을 부여하다Venezuela Parliament Gives Hugo Chavez More Powers〉(BBC, 2010년 12월 18일), http://goo.gl/Bw8WM2
58 마옐라 아마스 H,Mayela Armas H., 〈비상 조치법이 토지와 창고의 몰수를 위한 기틀을 마련하다Emergency Law Paves the Way for Seizure of Lands and Storehouses〉(『엘 우니베르살』(카라카스), 2011년 2월 1일, http://goo.gl/fFHEb1

과거

〈공공의 재산〉이 될 토지라고 선언하기까지 했다. 게다가 이 법에는 〈토지의 용도 계획은 정부의 몰수에 앞서 긴급한 상황이나 임시적인 점유에 우선적인 영향을 받는다〉라고 명시한 조항까지 포함되어 있다.[59] 물론 이 마지막 조항은, 토레 다비드나 바리오들과 같은 불법 거주자들의 점유와 특별히 더 관련이 있다.

이러한 법령들 중에서도 그 최고 정점은 2011년 12월 12일에 대법원에서 판결된 것인데, 여기에서 농업 용지를 무단 점유한 개인에 대해서는 어떠한 처벌도 적용되지 않는다고 결정되었다.[60] 이 판결에서 대법원은 토지법의 조항을 인용하여, 이 판결이 그 법 조항과 일치하기 때문에 아무 문제가 없다고 강조하였다. 사유 재산의 권리를 지지하는 사람들은 이것이 매우 위험한 판례라는 두려움을 나타냈고, 장래에 있을 토지 소유권 관련 소송 사건에서 누군가가 점유해 버린 토지에 대해 보상이나 반환을 요구하려는 토지 소유주들에게 이 판결이 불리하게 작용할 것이라는 우려를 표명하였다.

토지 개혁의 대가

2011년 4월로, 카라카스의 약 155여 개의 사무실, 아파트 그리고 정부 기관의 건물이 불법 점유자들에 의해 무단 점유되었고, 토레 다비드도 그중의 하나였다.[61] 또 다른 하나는 토레 다비드의 바로 인근에 위치한 삼빌 라 칸델라리아 센터로, 근사한 대형 몰의 체인 중 하나로 계획된 건물이었다. 심지어 삼빌 라 칸델라리아 센터는 건설 중이었음에도 불구하고, 주변에서 당연하게 예상한 것처럼 공식적인 공격을 받게 되었다. 차베스는 이 건물을 〈자본주의의 괴물〉이라고 칭했다.[62] 따라서 2010년 12월 폭우가 내린 후에, 정부가 막 그랜드 오픈을 앞둔 삼빌 라 칸델라리아 센터 건물을

59 앞의 문헌.

60 펠리페 곤살레스Felipe González, 카를로스 크레스포 Carlos Crespo, 〈대법관은 베네수엘라에서는 더 이상 무단 침입이 범죄가 아니라고 했다TSJ argumentó que invasiones ya no son delito en Venezuela〉(「엘 티엠포El Tiempo」, 2011년 12월 12일), goo.gl/pJukdx

61 크리스 크라울, 〈차베스의 토지 정책은 베네수엘라의

양극화를 초래했다〉

62 〈차베스가 삼빌 라 칸델라리아를 마비시키다Chávez retoma paralización del Sambil La Candelaria〉(「엘 우니베르살」(카라카스), 2009년 6월 11일), goo.gl/nPM0N0

정부가 빼앗은 것은 어쩌면 눈에 보듯 당연한 결과였다. 정부는 곧 삼빌 라 칸델라리아 센터의 주차장 안에 3천여 명의 노숙자들의 임시 거처를 만들었다.[63]

지역 주민들은 이웃에 노숙자들의 임시 거처가 존재한다는 사실에 화가 났고, 그 건물 밖으로 말리기 위해 널려 있는 빨래들과 쓰레기들을 던지는 모습 등이 보기 좋지 않을 뿐 아니라 통행자들에게 위험하다고 주장했다.[64] 「엘 우니베르살」에 실린 2011년 9월의 기사에서는, 삼빌은 또 하나의 토레 다비드라고 언급하였다.[65] 다시 말하면 이곳은 완전히 또 다른 하나의 빈민가가 된 셈이었다.

나라 전체의 모든 자산이 내포하고 있는 불안정한 권리와 가치를 포함하여 현대의 베네수엘라의 전체적 배경에서 보면, 토레 다비드는 그다지 특별한 점이 없어 보인다.[66] 하지만 모든 것이 겉모습만으로는 판단하기 어려운 것처럼 토레 다비드는 거주민간의 조직이나 응집력의 정도, 점유하고 있는 건물의 규모 자체만으로도 독보적인 특징을 갖고 있다고 볼 수 있다.

63 라파엘 로드리게스Rafael Rodríguez, 「삼빌 라 칸델라리아는 노숙자들의 피난처가 되어야 한다Sambil La Candelaria pasará a ser refugio para damnificados」, (「엘 우니베르살」(카라카스), 2010년 12월 2일) http://goo.gl/ctIXB9

64 델리아 메네세스Delia Meneses, 「삼빌 라 칸델라리아에 대해 위험을 느끼다Convivencia se hace tensa en predios de Sambil Candelaria」, (「엘 우니베르살」(카라카스), 2012년 1월 1일), http://goo.gl/wOInIo

65 델리아 메네세스, 「삼빌 라 칸델라리아는 또 하나의 바리오Un barrio en Sambil Candelaria」, (「엘 우니베르살」

(카라카스), 2011년 9월 23일), http://goo.gl/BWRdAR

66 헤리티지 재단이 경제 자유 지수를 열 개의 유형으로 나누어 각각 점수가 가장 낮은 0부터 가장 높은 100까지 나타냈는데, 2012년 지표에서 베네수엘라는 〈토지 소유 권리〉 항목에서 5를 받았고, 관련 보고서 내용에 따르면 베네수엘라는 〈정부가 부동산을 몰수할 위험률이 매우 높다〉라고 되어 있다. 자세한 내용은 www.heritage.org/index/country/venezuela 참조.

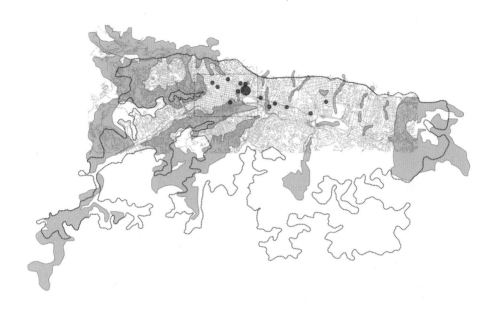

무단 점유 과정

2007년 9월 17일, 한 무리의 카라카스인들이 라 칸델라리아의 불법 거주지로부터
쫓겨났다. 또 다른 거처를 찾던 그들은 우연히 토레 다비드를 바라보게 되었다. 같은 날
카라카스의 여러 바리오에 있던 사람들은 〈전문적인〉 무단 점유자들로부터 전화와 문자
메시지를 받기 시작했다. 그 메시지는 모두 모여 토레 다비드를 점유하자는 내용이었다.
그 말들은 비가 억수같이 내리는 어느 날 밤, 수많은 가족들이 복합 단지의 주 입구에
모여들 때까지 계속 퍼져나갔다.[67] 그날 당직이었던 두 명의 경비는 비에 흠뻑 젖은
엄청난 무리의 사람들을 보는 순간 자기도 모르게 무장을 해제하고 문을 열어 주었다.
이것으로 현재 토레 다비드의 무단 점유 행위가 시작되었고, 그곳은 이제 세계에서 가장
큰 수직형 무허가 거주지 중의 하나가 되었다.

       그 첫날 밤 복합 단지에 들어온 사람들과 그 이후에 들어온 사람들은 신속히
지상층(1층)의 로비 공간을 자기 것으로 만들었다. 공동 주방을 만들고 텐트를 설치하고,
임시변통으로 곳곳에 거처들을 만들고, 각자의 영역을 표시하는 경계와 범위를 정하였다.
많은 사람들이 주변의 다른 무단 거주 지역이나 바리오에서 오거나, 홍수 때문에 집을
잃어서 거처가 필요해 오거나 혹은 일터가 도심에 있어서 일터와 가까운 집을 얻기
위해서 몰려들었다. 어떤 가족들은, 자신들의 집단 전체가 무조건 비가 오는 도시를
가로지르게 하기 보다는 미리 타워(A동) 내부의 상태가 어떤지 알아보기 위해 대표를 한
명 보내서 답사하도록 하기도 했다. 이 거대하고 텅 빈 공공건물에 대한 소문은 급속도로

---

67   그날의 일을 전하는 사람에 따라서 그곳에 모인 사람의
수는 2백 명에서 2천 명까지 다양하게 알려져 있다.

퍼져 나갔고 곧 처음 점유했던 사람들의 친구들과 가족 구성원들도 연이어 모여들었다. 불과 사흘 후 그 숫자는 기하급수적으로 불어났다. 비록 사생활은 보장되지 않지만 모든 가정에 충분한 공간이 주어지고, 지방 자치 단체에서 그들의 점유 행위에 대해 모른 척해 줄지도 모른다는 실낱 같은 희망도 있었다. 그래서 새로운 거주자들은 잠시라도 그 공간을 벗어나면 공간을 빼앗길 수도 있는 두려움 때문에 처음 몇 주 동안 가족들이 돌아가며 불침번을 서면서 그들의 공간을 지켰다. 릴레이식의 끈기 있는 무단 점유였다.

시간이 지나 당장 추방당할 것에 대한 걱정이 누그러질 즈음 거주자들 사이에서 타워의 나머지 부분도 점유하자는 의견이 나왔다. 그리고 나머지 공간도 거주에 적합한지를 평가하기 위해 복합 단지 전체를 답사하기 시작했다. 이후 함께 토레 다비드를 청소하고, 층마다 건설이 중단된 후 계속 쌓여 있던 돌무더기들이나 쓰레기 같은 것들을 치운 뒤 각 가정에 필요한 공간을 할당하였다. 점차로 그들은 난간을 설치할 계획을 세우거나 공공의 공간은 물론 개개인의 아파트에 페인트칠을 하기도 했다. 필요한 그룹을 조직하고 어려운 일들을 함께 해나갔다. 각 층은 약 열다섯 가정 정도가 지내게 되었다. 초기에는 건물 A동만 점유했다. 2009년에는 건물 A동에 약 2백여 가정이 살게 되었다. 위치상으로 그곳은 일터까지의 거리가 가깝고 손수레 등을 둘 공간이 있기 때문에 특히 노점상을 할 거주자들에게 매우 유리했다. 시간이 지남에 따라 토레 다비드는 단순한 불법 거주지 이상의 것이 되어 집으로, 공동체의 공간으로 그리고 삶을 사는 또 하나의 방식으로 변해 갔다. 하지만 안전, 평온, 안정이라는 것이 카라카스에서, 게다가 바리오에서 마침내 하나의 일반적인 환경이 되었다고 쉽게 단정한 것은 실수였을지 모른다.

2012년 4월 9일 오후 3시, 베네수엘라 특수 경비 부대에서 나온 약 1백 명에서

3백 명의 경찰관들이 코스타리카인 베네수엘라 상무관인 기예르모 촐렐레[Guillermo Cholele]를 찾기 위해 토레 다비드를 기습했다.[68] 촐렐레는 카라카스에서 바로 전날 저녁 납치당했다. 그 직후 그의 가족은 납치범으로부터 몸값을 요구하는 전화를 받았다. 과학 범죄 법의학 수사 기관[CICPC]의 강탈, 약취 및 유인 담당 부서의 담당관들은 걸려 온 전화의 위치를 추적했고, 납치 장소를 토레 다비드로 추정했다.

「엘 우니베르살」의 보고에 따르면 특수 경비 부대원들은 지하층과 헬리콥터를 이용하여 건물 안으로 진입했고, 타워에 있는 아파트를 수색하는 동안 거주자들의 건물 출입을 차단했다고 한다. 수색 작업이 진행되는 동안 두려움과 혼란 속에서 거주자들은 아이들이나 가족들과 떨어진 채 있어야 했다. 그들은 매우 화가 나고 겁에 질렸을 뿐 아니라, 당시 특수 경비 대원들이 보였던 무례한 태도에 격분하였다. 거주자들은 특수 경비 대원들이 그들의 값나가는 전자 기기(휴대 전화, 컴퓨터, 텔레비전, 카메라 등)와 돈을 훔쳐갔고 벽, 문, 가구, 가정용품 등을 훼손했다고 주장했다.

다음 날 아침 일찍, 촐렐레가 납치법들로부터 풀려나 경찰 및 가족과 연락이 닿았다. 상무관이 풀려나면서 거주자들은 무죄가 입증되었지만, 기습 수색으로 인해 화가 풀리지 않은 이들은 4월 11일 내무부와 법무부 청사 앞에 모여 경비대원들의 직권 남용(학대 및 폭언) 행위에 대한 시위를 벌였다.[69] 타워 거주자들의 공식 대변인 다섯 명은 그들에게 당한 부당한 대우와 개인 소유의 물품을 약취한 것에 대한 사과와 설명을 요구하기 위해 내무부 청사로 갔다.[70]

기습 수색 사건뿐 아니라 토레 다비드 주민들이 자신들의 입지에 대한 공식적인 인정과 권리를 얻기 위해 지속적으로 시위하고 투쟁하는 모습에서, 그들의 거주 불안정성이 명백히 증명되었다. 이로써 거주자들이 건물주인 FOGADE의 공식적인

---

68 수색 작업이 있던 날 오후에 「엘 우니베르살」에 뜬 온라인 기사에 의하면, 1백 명이 넘는 경비대들이 공중과 지하로 잠입해서 몰려 들어왔다고 한다. (기사 제목: 수색대가 콘피난사스를 습격하다Police Force Raids Confinanzas). 습격 다음 날 올라온 두 번째 기사에서 경비대원의 수는 350 명으로 늘어났다. (「라미레스, 토레 다비드가 납치 장소로 의심을 받다Ramírez, Torre de David sospechosa de

secuestro」).

69 「토레 콘피난사스의 가족들이 내무부 청사 앞에서 시위를 벌이다Familias de la Torre Confinanzas protestan en el Ministerio del Interior」(「엘 우니베르살」[카라카스], 2012년 4월 11일), http://goo.gl/gipYsE

70 앞의 문헌.

허락 없이 타워를 점유한 것을 공공연하게 인정한 셈이 됐지만, 그동안 이루어졌던 입법부의 발의, 사법부의 판결, 대통령령(차베스의 공식적 선언은 물론) 등의 정치적 양상은 토레 다비드의 거주민들이 거주권에 대한 자격이 있다고 믿게 만든 데에 큰 책임이 있다고 본다. 게다가 카라카스에 있는 대부분의 주택들이 가진 거주지로서의 비효율성 및 비적합성과 더불어, 그 단점을 개선해 보려는 거주자들의 노력이 합해져서 토레 다비드를 무단 점유한 행위에 일말의 타당성을 심어 주는 분위기가 형성된 것도 사실이다.

정부는 만연해지는 무단 점유 현상과 지속적으로 대면하고 있고, 게다가 그런 현상에 있어서 토레 다비드는 규모면에서 가장 크고 뚜렷한 특성을 갖는 불법 점유 사례의 전형과도 같은 역할을 하고 있다. 2012년 3월 5일 일간지 「레포르테로24reportero24」의 편집 기사에 의하면, 라 칸델라리아에 있는 거의 50개에 달하는 건물들이 무단 침입을 당한 상태이며, 수도에 있는 불법 점유 거주지 중 많은 수가 리베르타도르 자치 구역에 집중되어 있다고 밝혔다.[71] 베네수엘라 정부가 토레 다비드의 불법 점유자에 대항하여 그들을 추방하려는 노력을 한다면, 그것은 그들의 정치 이념이나 점유 행위에 대한 암묵적 지원 자체가 갖고 있던 모순점을 스스로 드러내는 행위나 다름이 없다. 토레 다비드는 아직도 3천 명이 넘는 사람들의 집으로 남아 있다. 어떤 사람들에게는 타워가 단지 즉흥적으로 갖다 붙인 조야한 누더기에 불과하게 느껴지고, 카라카스의 오점으로 느껴지며, 폭력과 불안의 원천으로만 생각될 것이다. 하지만 오갈 데 없는 사람들에게 토레 다비드는 안전한 천국이자 자신감의 원천이자, 집과 같은 곳이다. 적어도 지금은 말이다.

---

71 마올리스 카스트로Maolis Castro, 「리베르타도르 지역 침입 사건Libertador es territorio de invasiones」(「레포르테로 24」, 2012년 3월 5일), http://goo.gl/qljDvA).

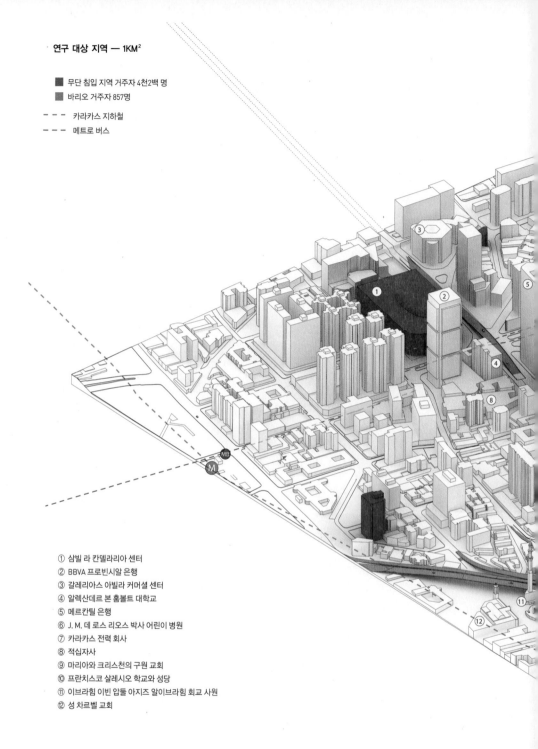

연구 대상 지역 — 1KM²

- ■ 무단 침입 지역 거주자 4천2백 명
- ■ 바리오 거주자 857명

- – – 카라카스 지하철
- – – 메트로 버스

① 삼빌 라 칸델라리아 센터
② BBVA 프로빈시알 은행
③ 갈레리아스 아빌라 커머셜 센터
④ 알렉산데르 본 훔볼트 대학교
⑤ 메르칸틸 은행
⑥ J. M. 데 로스 리오스 박사 어린이 병원
⑦ 카라카스 전력 회사
⑧ 적십자사
⑨ 마리아와 크리스천의 구원 교회
⑩ 프란치스코 살레시오 학교와 성당
⑪ 이브라힘 이빈 압둘 아지즈 알이브라힘 회교 사원
⑫ 성 차르벨 교회

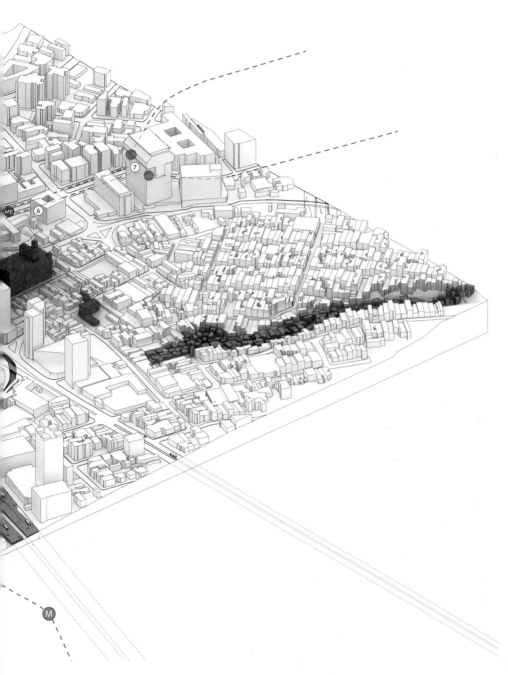

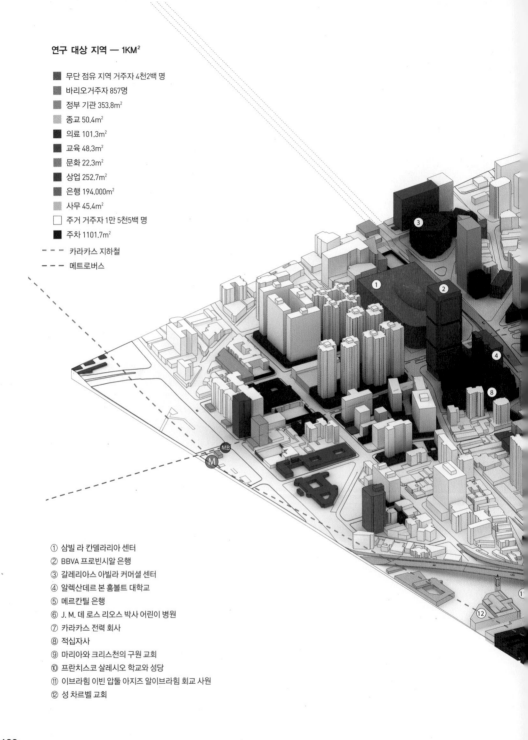

연구 대상 지역 — 1KM²

■ 무단 점유 지역 거주자 4천2백 명
■ 바리오거주자 857명
■ 정부 기관 353.8m²
■ 종교 50.4m²
■ 의료 101.3m²
■ 교육 48.3m²
■ 문화 22.3m²
■ 상업 252.7m²
■ 은행 194,000m²
■ 사무 45.4m²
□ 주거 거주자 1만 5천5백 명
■ 주차 1101.7m²

--- 카라카스 지하철
--- 메트로버스

① 삼빌 라 칸델라리아 센터
② BBVA 프로빈시알 은행
③ 갈레리아스 아빌라 커머셜 센터
④ 알렉산데르 본 훔볼트 대학교
⑤ 메르칸틸 은행
⑥ J. M. 데 로스 리오스 박사 어린이 병원
⑦ 카라카스 전력 회사
⑧ 적십자사
⑨ 마리아와 크리스천의 구원 교회
⑩ 프란치스코 살레시오 학교와 성당
⑪ 이브라힘 이빈 압둘 아지즈 알이브라힘 회교 사원
⑫ 성 차르벨 교회

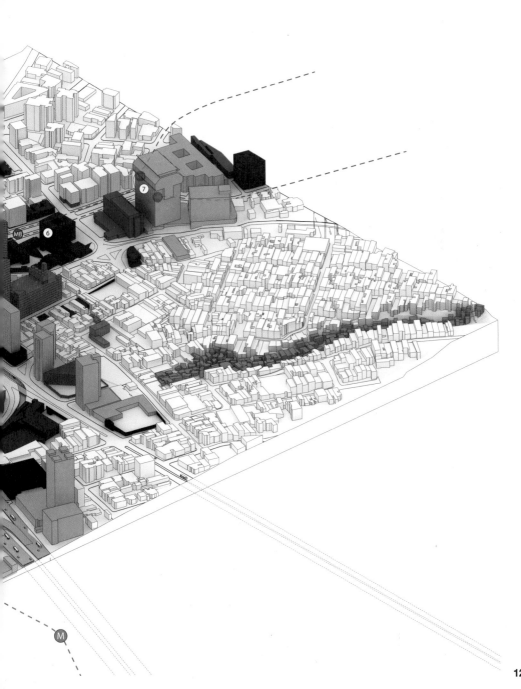

카라카스 시민들은 오로지 그 외관으로만 토레 다비드를
인식하고 있다.

계단 난간과 안전벽과 같은 안전 장치를 개선하기 위해 지혜로운
주민들은 나은 건축 자재들을 활용했다.

우르다네타 길을 따라, 토레 다비드 복합 단지 벽의 바로 바깥에,
거주민들이 작은 노점을 차려 놓고 음식과 물건을 팔고 있다.

우리가 처음 여기 왔을 때는, 전기가 들어오지 않았어요. 그래서 우리는 전기에 대해서 잘 아는 사람들에게 물어보기 시작했죠. 말하자면 전기 기술자로 일했던 경험이 있는 사람들에게 말이에요. 우리는 우선 지상층에서 만나 배전 시설이 있는 지하층으로 가는 문을 열었어요. 우리는 우선 가장 기본적인 배전 시설을 설치하려고 했어요. 우리는 어떻게든 이곳에서 살아야 했으니까요. 일단 사람이 편리하게 살려면 전기가 필요하잖아요. 우리는 물론 우리가 하는 행동이 불법이라는 것은 알고 있었어요. 하지만 새로 들어온 거주자들에게는 이익이 될 테니까요. 우리가 해놓은 작업들 덕분에 나중에 들어온 사람들은 적어도 정상적인 생활이 가능하겠죠.

— 호르헤 모랄레스Jorge Morales, 토레 다비드 거주자이자 전기 담당 책임자

II: 현재 공동체의 사회적 건축적 구조에 다

연구의 시작

혼돈으로부터의 질서[1]

카라카스에 살면서 토레 다비드를 모른다는 것은 불가능하다. 우선 토레 다비드는 건설이 공식화되었을 때부터 뉴스거리였다. 이후 경제가 몰락하고 토레 다비드의 건설이 완전히 중단되었을 때도 매스컴에 보도되었다. 가장 최근에는 불법 점유와 〈건물 용도의 재목적화로 또 한번 국내뿐만 아니라 및 국제적인 뉴스거리가 되었다. 또한 토레 다비드는 물리적인 면에서 너무나 뚜렷하고 상징적이기 때문에, 카라카스의 도시 경관에서 그냥 지나치거나 피할 수 없는 특징적인 존재이다.

　　　　우리는 건축가로서, 도시 계획자로서 그리고 또한 카라카스 출신으로서 도시를 위해서 새로우면서도 전략적인 도시 계획을 어떻게 창조해 낼 것인가를 여러 건축가들과 도시 계획자들이 함께 고민해 보기 위해 1993년에 〈카라카스 싱크 탱크〉를 설립하였다.[2] 우리가 이제까지 여러 바리오에서 작업하고 탐구하고 연구한 경험이 있었지만,

1　〈혼돈으로부터의 질서ordo ad chaos〉, 이것은 철학적인 건축가들이었던 프리메이슨(옛 석공)들의 좌우명 중 하나였던 말이다. 그들은 도덕과 윤리적인 교훈을 가르치기 위해 중세 석공들의 도구를 건축의 상징으로 사용하였다.
2　우리는 나중에 우리의 연구 바탕을 넓히고 다른 도시에서도 작업을 착수하기 위해서 후에 명칭을 〈어반 싱크 탱크Urban-Think Tank〉로 바꾸었다.

달 및
응·재사용 과정

토레 다비드는 전혀 다른 종류의 무계획적인 도시의 정착 과정을 연구할 수 있는 실험실이었다. 우리는 이미 2003년에, 그 복합 단지의 소유권을 넘겨받은 FOGADE에게 그들의 의도는 무엇이든 또는 그들이 어떤 시도를 계획하고 있든 그 과정에 우리가 도울 일은 없는지 의견을 타진한 적이 있다. 하지만 안타깝게도 당시 토레 다비드를 둘러싼 문제가 차베스의 대선 배경과 정치적으로 맞물리게 되면서 우리는 어쩔 수 없이 그들의 관심 밖으로 밀려났다.

그럼에도 불구하고 우리는 토레 다비드에 현재 거주하고 있는 사람들이 처음 이주했던 2007년경부터 주민들의 필요에 맞게 타워의 구조를 변경하고 맞추어 나가는 과정을 계속 주의 깊게 지켜보았다. 마침내 2008년 우리는 타워가 어떻게 이용되고 있는지를 알기 위해 주민들의 작업에 동참하고자 접촉을 다시 한 번 시도해 보았다. 결코 간단한 일은 아니었다. 그 이후 약 3년 동안 그들의 일부가 되기 위한 노력은 — 물론 그 노력은 곧 일상적인 실패로 돌아가곤 했지만 — 우리의 일상이 되었다. 우리는 가능한 모든 수단을 동원해서 공동체의 대표와 접촉하기 위해 토레 다비드의 문을 자주 두드렸다. 2011년 우리가 안전적인 측면과 심미적인 목적에서 토레 다비드의 입면을 재디자인 하려는 제안을 갖고 다시 방문하기 전까지는, 우리는 어떤 종류의 답사나 개입도 시도할 수 없었다.[3]

3   이러한 노력을 위해서 취리히 연방 공과대학교의 지원과 쉰들러 그룹으로부터의 연구 보조금을 받았다.

그때까지 토레 다비드에서 보낸 시간과 거주민들과의 관계에도 불구하고 우리는 단 한 번도 전적인 환영을 받은 적이 없었을뿐더러, 거주민들이 외부 사람들을 향해 곤두세우고 있던 걱정이나 의심의 장벽을 완벽히 뚫지도 못했다. 거주민 대표단의 승인과 동의를 얻었을 때도 우리가 토레 다비드의 어느 곳을 가든 대표단이 동반했고, 모든 출입과 통행이 엄격히 제한되고 감시가 따랐으며, 우리의 행동도 주의 깊게 관찰되었다. 경우에 따라서는 거주민들의 호위가 없었던 적도 있었다. 때로는 식사에 초대받기도 하고 교회 예배나 크고 작은 회의, 혹은 생일 파티에 초대받기도 하였다. 그러던 중 어느 날은 시간이 너무 늦어진 적이 있었는데 거주민들이 우리가 카라카스의 위험한 밤거리를 안전하게 갈 수 있을지 걱정한 나머지 여분의 침대에서 밤을 지내게 해준 적도 있었다. 하지만 그들로부터 어느 정도 친숙함과 신뢰를 얻었다고 생각했을 즈음 우리는 다시 그들의 냉대와 회의적인 태도에 맞닥뜨려야 했다. 그들은 우리가 토레 다비드로 들어가려는 것을 방해했고, 측정이나 정보 수집도 못하게 했다. 따라서 우리는 어떤 숨은 의도도 없으며 그들에 대해 여전히 충실한 마음을 갖고 있다는 것을 증명하기 위해 처음부터 다시 노력을 해야 했다.

　　이것은 결코 토레 다비드 공동체가 가진 비판적인 시각 때문이 아니었다. 그들의 거주 상태가 갖고 있는 불안정성 — 확실히 말하자면 그들의 삶 자체가 내포하는 불안정성 — 때문에라도 거주자들이 가까스로 만들어 낸, 하지만 무너지기 쉬운 현재의 안정성을 뿌리째 마구 흔들어 놓을 수도 있는 외부인에 대해 신중함과 경계의 태세를 갖출 수밖에 없는 것은 당연했다. 그들의 편이라고 주장하는 우리와 같은 사람들을 의심 없이 믿을 이유가 그들에게는 없는 것이다. 그들은 언제든지 오늘의 동지가 내일의 적이 될 수도 있다는 것을 알고 있기 때문이다. 물론 현재 우리는 거주자들을 돕겠다는 이유로 초대받아 이곳에 와 있고 또 우리는 한 도시의 바리오 거주자들과 공존하고 협력하면서 일한 오랜 역사를 갖고 있기도 하며 이곳 공동체와 사람들을 매우 존중해 왔다. 하지만 그럼에도 불구하고 여전히 그들에게 우리는 〈그들〉이고 그들만이 〈우리〉였다.

센트로 피난시에로 콘피난사스의 계획 초기 모형, 1992년
사진: 『인무에블리』 / 피네다 이 로렌소

토레 다비드, 2011년

중요한 것은 관점이다

긴밀하게 상호 교류를 하며 지낸 지 1년이 지난 후에도 토레 다비드의 물리적, 조직적
구조를 만족스럽게 묘사하는 것은 여전히 매우 어려운 일이었다. 사실 토레 다비드라는
그 고층 건물 자체가 모순이자 어불성설이고, 이율배반적인 존재이다. 실패한 건물
안에 성공한 것들이 존재하고, 바리오이면서 게이트가 있는 공동체이며, 계층과 권위
체계가 존재하지만 무정부 상태이기 때문이다. 그들의 벽 안에서는 개개인의 자주성이나
자유가 공동의 필요 및 의무와 항상 역학적인 대립 관계를 이룬다. 외부로부터 보이는
토레 다비드는 주변 지역의 경관을 망치는 존재이자 카라카스의 모든 잘못된 것과
위험한 것을 아우르는 상징적인 존재이다. 하지만 아무리 위태롭고 불안정해도 동시에
잠정적으로는 안전한 지역이자 새롭게 삶을 영위하는 방식 그 자체이기도 하다. 토레
다비드의 거주자들을 경멸하느냐 혹은 선망하느냐 하는 문제는 보는 관점이나 기대하는
것이 무엇이냐에 의해 결정된다.

다른 모든 사람들과 마찬가지로, 어반 싱크 탱크의 구성원들도 그들이 어디로
가든 각자 개인적인 역사, 혹은 직업에서 얻은 경험이 따라다닌다. 따라서 우리가
이제까지 배워 온 교육과 경험에서 벗어날 수 없고, 마찬가지로 〈무단 점유자〉나
〈바리오〉에 대한 기존의 가정으로부터도 벗어날 수 없다. 하지만 우리는 우리의
선입견과 일치하지 않는 것들을 이해하기 위해서 부단한 노력을 했을 뿐 아니라, 결국
이해하게 된 다음에도 그 이해한 것에 동화되기 위해 많은 노력을 기울였다. 우리가

토레 다비드와 일해 나가면서, 우리는 알고 기대하게 되는 많은 예상과 선입견들이 실제 현실과 부딪혔을 때 결코 맞서서 이기지 못한다는 것을 알게 되었다.

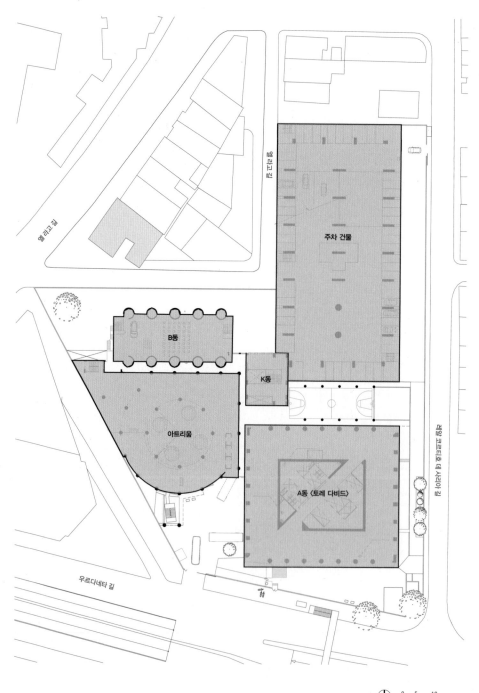

주차 건물

B동

K동

아트리움

A동 〈토레 다비드〉

엘 라그 길

우르다네타 길

0 5 10

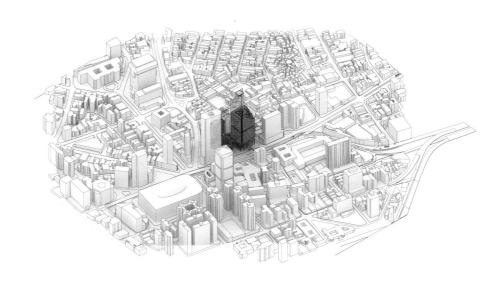

사진: 어반 싱크 탱크 / 다니엘 슈바르츠

끊임없이 변화하는 물리적 구조

첫머리에서 밝힌 바와 같이 토레 다비드는 하나가 아니라 커다란 5개의 건물들이 모여서 이루어졌다. 개발자의 초기 설계에서는 A동 건물이자, 지금은 고층 건물로 불리는 45층짜리 타워는 가장 우선적으로 불법 점유가 시작된 공간이다. 토레 다비드 거주자의 대부분이 이곳에 살고 있고, 사회적 편의 시설 또한 가장 많이 집중된 곳이다. 이 고층 빌딩에 가장 근접해 있는 B동 건물은 19층짜리 구조물로, 원래는 중역 임원실로 예정되어 있던 공간인데 지금은 에반겔리칼 펜테코스탈 교회(복음 성령 감림 교회)가 있고 이제는 점점 늘어나는 새 거주민을 위한 공간으로 쓰이고 있다. 이 두 개의 구조물 사이에서 6층에서 17층까지 차지하며 두 건물의 통로 역할을 하지만 사실상 빈껍데기나 다름없는 19층짜리 건물 K동이 자리 잡고 있다.

네 번째 구조물은 10층짜리 주차장으로, 원래의 기능을 수행함과 동시에 타워(A동)로 들어갈 수 있는 비공식적인 접근로로도 사용되고 있다. 원래 건설 계획에는 보안상 문제로 주차장에서 다른 건물로 직접 연결되지 않도록 되어 있었다. 하지만 현재의 거주자들은 철근 강화 콘크리트 벽을 뚫고 각 층에 K동으로 향하는 작은 보행자 전용 다리를 만들었다. 다섯 번째 구조물은 30미터 높이의 아트리움으로, 타워 협동조합원들이 종종 회의를 하러 모이는 곳이며, 몇몇 거주자들은 이곳에 아파트 형태의 집을 만들어 놓았다.

현재는 모두 750여 개의 가정, 약 3천여 명의 거주민들이 타워의 28층까지

점유하고 있다. 최근까지, 그러니까 2012년 초까지만 해도 거주민 대표단에서
인정하지 않아서 몇몇 가정은 28층에 텐트를 치고 살고 있었다. 엘리베이터가 없었기
때문에 안전상의 이유로 공동체 대표단은 그 위쪽 층으로 접근하는 것을 제한하기로
결정하였다. 높은 층까지 오르내리기에 신체적으로 힘든 상황임에도 불구하고, 그래도
타워로 들어오고 싶어 하는 사람들에게는 위쪽 층이 그나마 가치가 있는 공간으로
여겨지는 듯하다. 거주가 제한된 29층에서 옥상의 헬리콥터 착륙장까지는 거의
사람들의 손이 닿지 않아서 1994년에 공사가 중단된 때와 모습이 거의 달라지지 않은
상태이다.

토레 다비드는 사람들이 거주하는 구역으로서만이 아니라 공식적 혹은
준공식적인 모임을 위한 공공 공간으로도 이용되고 있다. 그중에서도 가장 중요한 것은
〈하느님의 집, 천국의 문〉이라는 공동체의 에반젤리칼 펜테코스탈(복음 성령 감림)
교회이다. 거주민들은 2010년부터 B동 지상층(1층)에 교회를 위한 공간을 만들기
시작했다. 교회를 위해 충분히 넉넉하고 제대로 된 공간을 완성하는 동안, 신자들은
알렉산데르 다사 목사가 봉사하는 예배에 참석하기 위해 적어도 일주일에 세 번은 B동의
1층에 마련된 임시 교회에 모인다. 토레 다비드에 거주하는 주민은 주로 복음 성령 감림
교회의 신자인데, 이는 대부분이 가톨릭 신자인 도시에서는 매우 이례적인 경우이긴
하지만 무단 점유자들이 대부분인 곳에서는 그다지 이례적인 일도 아니다. 이 복합
단지는 어떻게 보면 주택 부족 문제 및 부동산 법과 맞물린 복잡한 사회 경제적 상황에서
대규모로 이주할 곳을 찾던 복음 성령 감림교인 집단이 정착하기에 가장 적합한
곳이었을 수도 있다.[4]

거주민들에게 교회만큼 중요한 것이 있다면 그것은 농구인데, 이 역시

---

4 카라카스 전체에 걸쳐, 에반젤리칼 펜테코스탈 교인은
FOGADE가 소유하고 있는 원래는 극장, 영화관,
슈퍼마켓이었던 건물과 여러 공간들을 교회나 사회적 모임을
위한 장소로 전환하여 무단 사용해 왔다. 비록 가톨릭 교인이
대부분인 도시에서 이들은 아직도 이례적으로 보이긴 하지만
점점 몰몬교나 여호와의 증인 또는 마리아 리온자나
그레고리오 에르난데스와 같은 민족 종교 등의 교인이

늘어나면서 베네수엘라의 종교적 구도가, 특히 저소득층
지역에서부터 변화하고 있다. 보다 자세한 내용은 다음을
참조. 〈라파엘 산체스Rafael Sánchez, 〈성령에 의해 몰수되다:
최근 카라카스(베네수엘라)에서 성령 감림교인 무단 점유
행위의 신령적 근거Seized by the Spirit: The Mystical
Foundation of Squatting among Pentecostals in Caracas
(Venezuela) Today〉(『퍼블릭 컬쳐Public Culture』20-2호
(2008년, 봄), 267~305면)

위: 건물 K동은 건물 A동과 B동 그리고 주차장을 연결한다.

아래: 사람들은 이동을 원활하게 하기 위해 기존의 벽을 뚫고 새로운
통로를 만들었다.

사진: 어반 싱크 탱크 / 다니엘 슈바르츠

위: 농구 코트에서 운동하는 거주자들

아래: 다리를 다친 한 거주민이 그의 아파트로 올라가는 계단에서
잠시 앉아 쉬고 있다.

사진: 어반 싱크 탱크 / 다니엘 슈바르츠

거주자들을 단합시키는 공통 기반으로의 기능을 톡톡히 하고 있다. 주차장 건물과 고층 건물 사이에 있는 지상층에는 매우 큰 다목적 코트가 있는데, 코트 각 양쪽에 6개의 기둥이 있고, 경계선을 밝은 색으로 칠해서 구분하고, 반대편 끝에는 농구 골대를 설치해 놓았다. 몇 개의 커다란 상징들이 바닥 여기저기에 그려져 있는데 매일 사용하다 보니 군데군데 벗겨진 곳도 보인다. 붉은색의 해가 노란색의 이글거리는 불꽃에 둘러싸여 있고, 붉은색과 파란색으로 그려진 풍차 모양이 농구 코트의 한가운데를 표시하고 있으며, 파란색의 작은 별과 함께 〈청춘을 위해 싸우자〉라는 문구가 코트 전체에 걸쳐 적혀 있다. 코트 끝 쪽 벽에는 정성 들여 그린 벽화가 있고 〈신은 우리의 삶〉, 〈스포츠 클럽〉, 〈베네수엘라 문화의 추장〉 등의 문구가 적혀 있다.

　　　타워의 거주민들은 농구팀을 결성하여 이웃이나 주변에 있는 다른 바리오의 농구팀과 시합을 벌이기도 한다. 협동조합에서는 필요한 장비나 유니폼을 제공하고, 팀을 조직하고 훈련시키는 스포츠 코디네이터까지 지정해 주었다. 농구 코트로 쓰이는 공간은 규제가 잘 되어 있어서, 농구 코트에서 욕을 하거나 운동복을 입지 않고 농구를 하는 것은 금지되어 있다. 협동조합은 위쪽 층에서 떨어지는 낙하물 때문에 생기는 위험을 방지하고 궂은 날씨에도 게임을 할 수 있도록 하기 위해, 외부로 위험하게 노출된 공간에 지붕을 씌우기를 원했다.

　　　이 정도로 공식적이거나 조직화된 형태는 아니더라도, 비공식적이나 우연히 발생하는 사교적, 사회적 모임을 위한 공간들도 있다. 28층에서는 프랑켄슈타인과 그라비엘 형제 그리고 그 친구인 데이비스를 비롯한 몇몇 거주민들이 작동하지 않는 엘리베이터와 에어컨 부품으로 모양 자체는 완벽하지 않지만 그래도 운동을 할 수 있는 웨이트와 벤치프레스 등을 만들어 작은 체육실을 꾸몄다. 같은 층에는 북서쪽을 향한 확장된 발코니가 있는데 이곳에서는 세발자전거, 스쿠터를 타거나 뛰어다니는 아이들이 혹시 28층에서 떨어질까 봐 엄마들이 지켜보는 공간이다. 엄마들은 본인들이 위험을 인지하고 있는 만큼, 아이들 역시 발코니 끝에 가까이 가면 안 된다는 것을 알고 있다고 주장한다.

다른 층에서도 역시 아직 사용되고 있지 않은 공간이나 공용 공간에 멈춰 서서 대화를 나누거나 서로 뉴스거리를 나누고, 유대감과 긴밀한 관계를 견고히 다진다. 계단이라는 공간은 어쩌면 비공식적인 만남이 이루어지는 가장 기본적인 장소이자 공동체라는 포도 덩굴이 풍성히 엉글어 가는 모습을 실제로 보여 주는 곳이라고 할 수 있다. 말하자면 이 고층 건물의 계단실은 결국 언젠가는 모두가 모두를 만날 수밖에 없게 만드는 단 하나의 수직 이동 수단이다.

이동이 불가하고 변경이 불가능한 특정 건축 요소를 갖고 있음에도 불구하고, 토레 다비드의 많은 부분은 물리적인 부분과 사회적인 부분에서 거의 영속적으로 진화, 변경 및 수정이 이루어지고 있는 상태이며, 이 두 영역은 끊임없이 서로에게 영향을 주고 있다. 무단 점유의 초기 단계에는 지상층만 전기가 연결되어 있었고 많은 거주민들이 텐트에서 살고 있었다. 그리고 거의 모든 공간과 편의 시설 — 특히, 조리 공간이나 화장실과 같은 시설 — 은 공동으로 사용했다. 비공식적이나마 공동체 조직이 생겨나기 시작하면서부터는 각 가정에 체계적으로 공간을 분배하고 할당하기 시작했다. 사람들은 각 가정에 사생활을 지켜 줄 만한 그들만의 공간을 분배하는 데 필요한 공간 변경 작업을 시작했다. 시간이 지남에 따라 이러한 공간 분배 방식은 절대적인 집단 조직을 누그러뜨렸고, 동시에 개개인의 거주 공간과 관련하여 더 많은 개성을 싹트게 했으며, 전반적인 권한과 공동의 책임을 같이 유지하기 위한 탄탄한 체계를 생기게

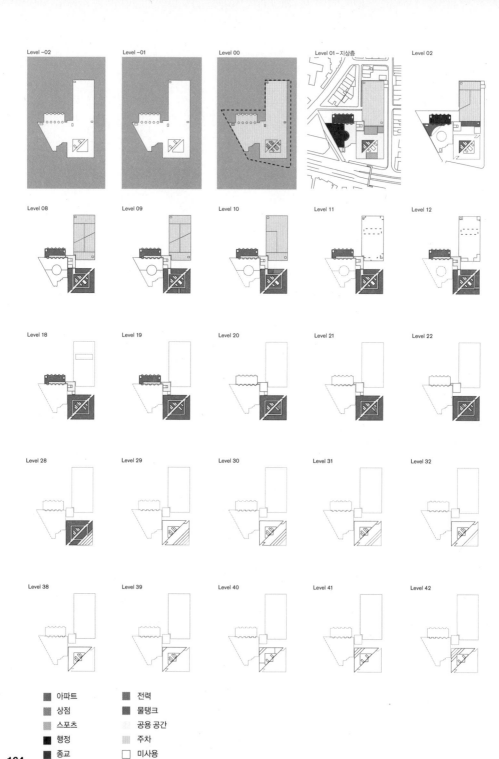

Level 03   Level 04   Level 05   Level 06   Level 07

Level 13   Level 14   Level 15   Level 16   Level 17

Level 23   Level 24   Level 25   Level 26   Level 27

Level 33   Level 34   Level 35   Level 36   Level 37

Level 43   Level 44   Level 45   Level 45

0   50   100

했다. 그동안 타워에서 공간적, 사회적, 위생적 그리고 기술적인 문제점에 사용되어 왔던, 무형식적이고 임시방편적인 해결책들은 점점 구체적이고 체계적인 방식들로 대체되기 시작했다. 거주민들은 이제 절대로 언덕배기의 바리오와 같은 곳을 거주지로 고려할 생각이 없다. 그들은 중산층 수준의 아파트를 자신들의 거주 모델로 삼을 만큼 희망을 갖게 되었다. 글라디스 플로레스는 바로 옆에 서 있는 파르케 센트랄 복합 단지를 가리키며 그것이 그녀가 바라는 토레 다비드의 미래상이라고 말한다.

공동체 조직의 공통 기반

거의 유사한 방식으로, 토레 다비드 내부의 사회 정치적인 조직 역시 발달하였다. 외부
사람들은 거의 대부분 첫 번째 무단 점유(2003년 경찰에 의해서 쫓겨났던 〈희망 없는〉
사람들의 비교적 소규모의 침입이었다)의 집단이 이제는 제대로 된 공동체, 다시 말하면
뉴욕, 파리, 런던에 있는 상류층의 조합원 아파트 같은 곳에서는 당연하게 존재하는 규칙,
정상적인 절차 및 관료 체계를 갖춘 조직적이면서도 협동적으로 운영되는 공동체로
변모했다는 사실에 대해서는 알지 못한다.

하지만 아무리 비공식적인 형태로 출발했을지라도 〈베네수엘라의 추장〉이라는
거주민 협동조합은 2009년 공증 기록 자치 기관에 다음과 같은 목적과 임무를 가진 정식
조합으로 등록되었고 자격을 얻었다.

〈품격 있는 주택, 유치원, 보육원, 주차 공간 시설 및 다목적 공간을 포함하는
도심 환경 기반 시설의 건설을 촉진시킨다.〉[5]

사회적 조직을 발달시키고 기반 시설을 개선하는 과정은 물론 토레 다비드의
조직 구성, 무단 침입 및 정착 과정 모두는 협력하여 일하는 공동체로부터 생겨난
결과이다. 거주민들은 결코 흔하게 볼 수 없는 응집력과 결속력을 갖고 있고, 안정과
질서의 유지를 위해 상호 의존이 얼마나 필요한가를 너무나 잘 인지하고 있다. 이러한

---

5   난시 벨라스코Nancy Velasco, 「무단 점유 후 약 2년
반에서 3년 뒤 토레 다비드 공동체의 결속력이 강화되다Se
consolida invasión de la Torre de David tras dos años y
medio」(「엘 우니베르살」(카라카스), 2010년
4월 17일).

응집력이 바로 토레 다비드의 규칙이나 규정이 잘 정립될 수 있었던 상서로운 공통 기반을 생성한 것이다.

　　　아무나 토레 다비드에서 거주 공간을 차지하고 쓸 수 있는 것은 아니다. 무단 점유의 초기에는 거주를 원하는 예비 거주자들이 매주 월요일 오후 5시부터 8시까지 공간을 신청할 수 있었다. 만일 거주 신청이 받아들여지면 나중에 그들이 개선할 수 있는 공식적 할당 공간을 확보할 권한을 받을 때까지 텐트에서 살면서 기다려야 했다. 이제 토레 다비드 안에서 발생하는 모든 일은 보다 조직적으로 운영되고 규정화되었고, 대부분의 공간은 이미 여러 가정이 차지한 상태이며, 빈자리가 나올 때까지는 새로운 거주자는 더 이상 받아들이지 않는 상태이다. 기존의 다른 조합원 주거 형태와 마찬가지로, 각 가정은 그 공간을 완전히 소유하는 것이 아니다. 만일 거주자가 세 번 이상 규정을 위반했다는 통보를 받게 되면 ― 시끄럽거나 큰 규모의 파티를 너무 자주 한다거나, 쓰레기를 투기했다거나, 가정 내 폭행 사건이 있다는 등의 이유에서 ― 토레 다비드에서 추방당하는 삼진 아웃 방식이 계속 시행되고 있다. 보행자 입구를 사용하는 사람들이면 모두 통과할 수밖에 없는 토레 다비드 1층의 게시판에는 빈자리가 났다는 알림, 새로 정해진 규칙이나 규정 그리고 곧 있을 행사에 대한 사항들이 자주 게시된다.

　　　수도나 전기, 공용 공간 청소비, 보안 및 경비비를 위해 각 가정이 매달 노조에 내는 15달러 외에, 각 가정은 그들의 각자의 아파트에 투자하는 비용을 스스로 부담하고 그 투자한 부분에 대한 소유권을 갖는다. 어떤 가정은 거주 공간에 한 푼도 투자하지 않는 반면 어떤 집은 1만 달러까지 지출하는 경우도 있다. 한 가정이 토레 다비드를 떠날 때, 그 자리에 새로 입주하는 입주자는 그 거주 공간에 전前 거주자가 투자했던 변경 사항에 대해 값을 지불하고 구입하기도 한다. 게다가 사용하던 가구, 변기, 전기레인지 등이나 다른 집기 및 설비를 새로운 입주자에게 팔기도 한다. 이러한 것이 가능한 이유는, 앞서 언급한 바와 같이 베네수엘라의 경제 상황과 통화의 불안정성 때문에 사람들은 뭔가 손으로 만져지는 것들에 투자하려는 경향이 있기 때문이다.

거주민 협동조합 〈베네수엘라의 추장〉
사진: 어반 싱크 탱크 / 다니엘 슈바르츠

점유 상태

■ 점유 면적   약 56,000m²
□ 비점유 면적   약 55,000m²
    총면적   111,000m²
         총면적 중 점유 면적 비율 50.45%

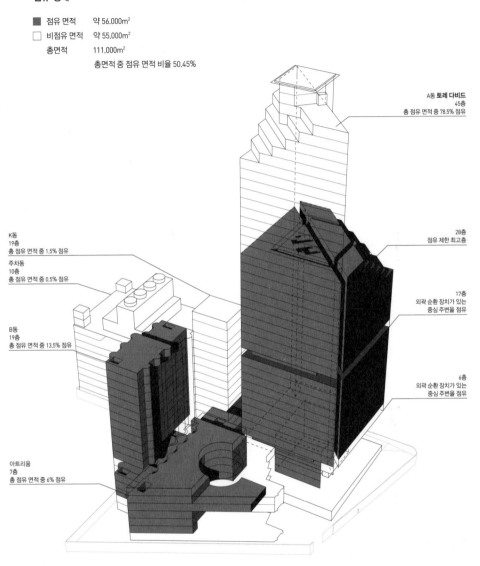

A동 **토레 다비드**
45층
총 점유 면적 중 78.5% 점유

28층
점유 제한 최고층

17층
외곽 순환 장치가 있는
중심 주변을 점유

6층
외곽 순환 장치가 있는
중심 주변을 점유

K동
19층
총 점유 면적 중 1.5% 점유

주차동
10층
총 점유 면적 중 0.5% 점유

B동
19층
총 점유 면적 중 13.5% 점유

아트리움
7층
총 점유 면적 중 6% 점유

전제적 민주주의

다수에 의한 의사 결정이라는 공통적 본성을 갖고 있다고 해서 토레 다비드가 완전한 전원 합의주의나 순수한 민주주의를 대표한다고 이해하면 오산이다. 그들의 대표단 조직 구성은 그 영향력과 권위 체계에 따라 마치 여러 개의 연속된 동심원처럼 이루어져 있다. 그중 가장 안쪽의 동심원은 〈지휘부〉로, 협동조합의 대표이자 B동 교회의 목사인 알렉산데르 〈엘 니뇨〉 다사를 중심으로 하여 그의 가까운 동료들로 구성되어 있다. 그들은 함께 토레 다비드에서 매일매일 운영되는 정책과 관련된 그리고 토레 다비드의 보안과 성장 계획에 관한 가장 궁극적인 의사 결정을 내린다. 두 번째 동심원에는 표면적인 역할로는 단지 지휘부와 거주자들 사이의 중재자 역할을 하거나, 수도 분배나 전기 시스템 그리고 시설 청소 등의 역할 등을 조직, 편성하는 일 등을 맡은 사람들이 속해 있다.

하지만 두 번째 동심원에 속하는 몇 명은 표면적인 역할 외에 더 많은 권한을 갖고 있다. 두 번째 동심원 안에 속하는 협동조합의 총무인 글라디스 플로레스는 지휘부와 함께 그녀의 지적 능력, 조직 관리 기술 등을 이용하여 회의 계획이나 대부분의 운영에 직접적으로 관여하면서 실질적인 영향력을 행사하고 있다. 글라디스는 세 번째 동심원에 속하는 층 관리자들이 각자에게 주어진 층의 조직적 공간 관리, 빌딩 시스템의 유지 관리 등을 확실히 이행하고 있는지를 감독한다. 글라디스는 또한 층 관리자들의 보고서, 불평 불만, 요청 사항 등을 지휘부가 고려할 수 있게끔 처리하기 쉬운 간단한

메모 형태로 만들어 준비하는 일도 담당한다. 그녀는 공용 공간 계획, 공식적 서류 작업 그리고 협동조합과 행정 정부와의 관계를 관리하는 일까지 관여한다. 그녀는 두 딸과 함께 2007년부터 15층에서 살고 있다. 그녀의 셋째 딸 역시 남편과 아이와 함께 15층에서 살고 있다. 글라디스는 거주자들 간의 분쟁에서 효율적인 중재 역할을 하는, 유명하면서 동시에 매우 존경받는 인물이다. 그녀가 협동조합의 전반적인 운영에 대해 갖고 있는 광범위한 지식과 정보는 어반 싱크 탱크에게는 매우 큰 가치가 있다. 그녀는 또한 전원 합의 방식이나 하의 상달식의 민주주의적 토론 방식 등이 최상부의 의사 결정 기구에 영향을 미치는 토레 다비드 정책 운영의 혼합적인 측면에 대해서도 설명해 주어 우리가 토레 다비드의 계층 및 조직 구성을 명확히 이해하는 데 큰 도움이 되었다. 다사는 모든 문제에 대해 절대적인 최종 결정을 내리지만 그의 밑에 있는 사람들의 제안과 의견에 매우 수용적인 태도를 갖고 있다.

정해진 공동체 청소 시간에 함께 일하는 거주민들
사진: 어반 싱크 탱크 / 다니엘 슈바르츠

글라디스 플로레스(분홍색 옷을 입고 서 있다)가 아트리움에서 공동체
모임을 주도하고 있다.
사진: 어반 싱크 탱크 / 마커스 니어

하얀색 문은 단지에서 보행자들이 주로 사용하는 입구이다.

보안 경비들이 단지 내의 보안을 책임지기 위해 교대로 근무한다.

공동체의 게시판은 알림 사항과 사진 등을 게시한다. 한 거주자가
최근에 있었던 단지 내 개보수 작업의 사진을 올려놓았다.

지상층은 주민들 모두에게 열린 공용 공간이다.

콘크리트 벽과 기둥의 밝은 색의 페인트칠을 하고 어린 야자수를
심는 등 거주자들은 아트리움과 같은 공용 공간을 보다 편안하고
안락한 공간으로 만들려고 함께 노력한다.

출입하고 이동하는 방식들

토레 다비드 단지로 들어가는 데에는 4가지 공식적인 방법이 있다. 그중의 하나가 우르다네타 길로 향해 있는 남쪽 출입구인데 이것은 전적으로 보행자 위주의 접근 방식이다. 각 가정에는 자석으로 된 열쇠고리를 나누어 주어 단지를 출입할 때마다 문을 열 수 있게 하였다. 차량용 출입구 역시 우르다네타 길 쪽에 있는데 아트리움 지하에 주차하도록 되어 있는 버스들을 위한 출입구이다. 이 입구는 원래 보행자도 사용할 수 있었지만 — 거주자들은 자동문으로 향하는 출입구를 막아 놓았다 — 2011년 그들은 차량과 보행자의 접근로를 확실하게 구분하고 사용하지 않았던 이전의 보행자 입구를 열어 놓았다. 2012년 3월, 그들은 두 개의 입구 사이를 가르는 높은 콘크리트 벽을 세웠다. 그리고 두 입구를 감시하기 위한 경비용 가건물을 설치했다. 단지 서편에는 10층짜리 주차장 건물로 들어가는 입구가 있는데 이 입구는 미닫이 철문으로 보안되어 있다. 네 번째 접근 방법은 단지의 북쪽에 있는 입구인데, 접근이 극도로 제한되어 있다.

경비원들은 주로 활발히 이용되는 세 개의 입구에서 24시간 교대 근무한다. 카라카스는 폭력이 난무하고 어떤 일이 일어날지 예측이 불가능한 도시이기 때문에 보안은 어떤 사회 경제적 위치를 막론하고 모든 시민들에게 가장 중요한 문제이다. 토레 다비드의 거주민도 예외는 아니다. 주차장으로 들어가는 입구에는 의자와 책상만이 놓여 있지만 보행자 입구에 있는 보안 건물은 물론 버스가 통과하는 입구에도 경비원들을 위한 경비소가 있다. 경비원들은 베네수엘라의 최저 임금 이상을 일한 대가로 받고,

경비원들끼리 혹은 전기나 수도 관련 팀 그리고 공동체 대표단들과도 일하면서 서로 연락을 취할 수 있도록 무전기를 휴대하고 다닌다. 경비원들은 상류층의 아파트에 있는 수위처럼 토레 다비드에서 거주하는 모든 사람들을 알고 있고 단지를 나가고 들어오는 사람들을 아주 세심히 관찰한다.

차나 오토바이를 갖고 있는 거주민이나, 모토택시를 부른 사람에게는 주차장 건물의 경사로가 마치 복합 단지의 임시 〈엘리베이터〉와 같이 사용된다. 모토택시 운전수들은 단지의 입구 밖이나 주차장의 맨 위층에 대기하고 있다가 사람들이나, 물건 그리고 건축 자재 등을 위로는 10층까지, 아래로는 도로에 면한 층까지 적은 돈(20 볼리바르 이하)을 받고 운반해 준다.

건물에서 건물로의 수평적 이동을 위해서 거주민들은 주차장 건물의 모든 층의 콘크리트 벽을 뚫은 뒤 K동으로 통하는 작은 보행자 전용 다리를 만들었다. 그곳으로부터 다른 두 개의 건물로 접근한다. 하지만 K동에서 뻗어 나온 바닥 판이 B동이나 초고층 건물에서 나온 부분과 완전히 연결되어 있지 않고 약 30센티미터 정도의 틈이 있기 때문에 거주민들 — 특히 어린 아이들 — 이 건널 때 떨어질 위험이 있다. 계단은 유일한 건물 상하 이동 수단이다. 엘리베이터 부품들은 단지가 버려진 후 수년간 침입자들이 드나들면서 가져가 팔아 버렸다. 고층 타워에는 두 개의 계단실이 있는데 하나는 거주민들이 사용하고, 다른 하나는 잠가 놓았는데 건물 기반 시설의 유지 관리를 위해 남겨 놓은 것으로 대표단의 구성원만이 열 수 있게 되어 있다.

대부분의 층은 부분적으로 분리벽 없이 외부로 노출되어 있다. 공기의 순환을 증대시키기 위해서 건물 입면의 유리 패널을 제거했고 그로 인해 제거된 부분은 구멍이 뚫린 채로 남아 있는 것이다. 몇 명의 거주자들이 벽돌로 낮은 발코니 벽을 설치하여 임시적으로 안전 조치를 취하기는 했지만 치명적인 실족 위험의 가능성 때문에 끊임없이 경계를 해야 한다. 이외에도 바닥 곳곳에 파인 작지 않은 구멍들도 건물 전체에 걸쳐 산재하는 위험한 요소들에 한몫을 거들고 있다. 계단에는 난간도 없어서 거주자들이 스스로 설치하고 있는 실정이다. 엘리베이터가 있어야 할 승강기통은 비어 있는 상태로 위험하게 노출되어 있다. 이렇게 토레 다비드가 갖고 있는 여러 가지 공간적 결핍성 때문에 거주자들은 복합 단지 이곳저곳을 이동할 때 항상 주의하지 않으면 안 된다.

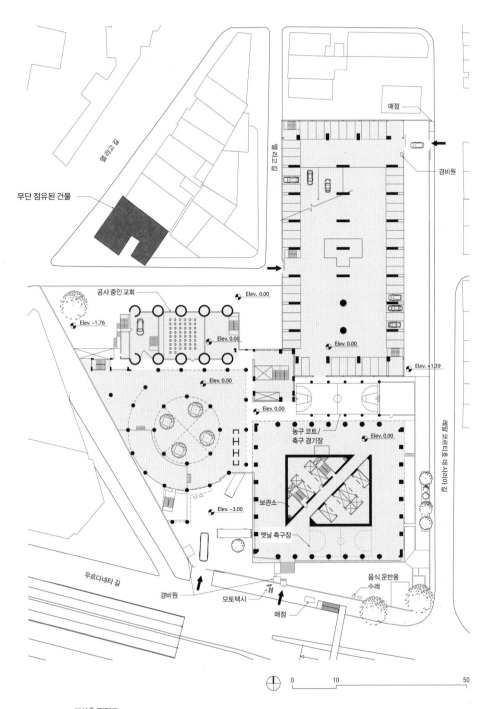

무단 점유된 건물

공사 중인 교회

Elev. 0.00

Elev. -1.76

Elev. 0.00

Elev. 0.00

Elev. 0.00

Elev. -3.00

Elev. 0.00

Elev. +1.39

Elev. 0.00

매점

경비원

농구 코트/
축구 경기장

보관소

옛날 축구장

음식 운반용
수레

경비원

모토택시

매점

우르다네타 길

0   10   50

지상층 평면도
---- 자가 건설 공간

193

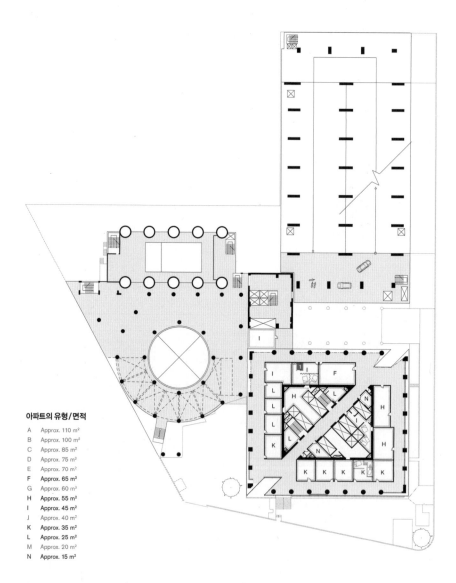

아파트의 유형/면적

A Approx. 110 m²
B Approx. 100 m²
C Approx. 85 m²
D Approx. 75 m²
E Approx. 70 m²
F Approx. 65 m²
G Approx. 60 m²
H Approx. 55 m²
I Approx. 45 m²
J Approx. 40 m²
K Approx. 35 m²
L Approx. 25 m²
M Approx. 20 m²
N Approx. 15 m²

① 상점
② 옷 수선 작업실
③ 체육실
▦ 공용 공간
— 자가 건설 공간

6층 평면도

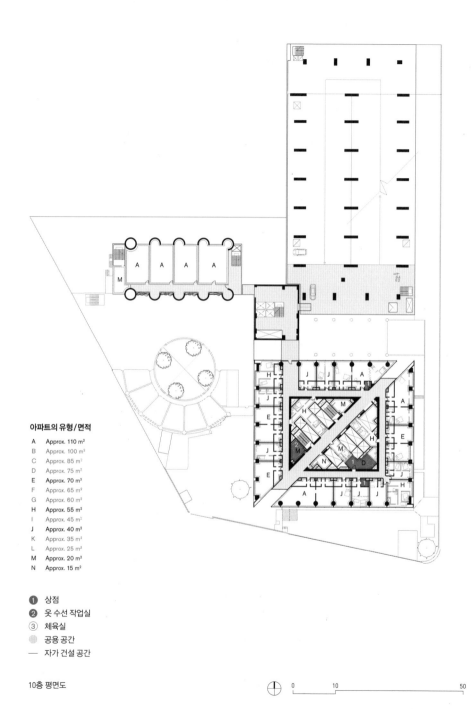

아파트의 유형/면적

A	Approx. 110 m²
B	Approx. 100 m²
C	Approx. 85 m²
D	Approx. 75 m²
E	Approx. 70 m²
F	Approx. 65 m²
G	Approx. 60 m²
H	Approx. 55 m²
I	Approx. 45 m²
J	Approx. 40 m²
K	Approx. 35 m²
L	Approx. 25 m²
M	Approx. 20 m²
N	Approx. 15 m²

① 상점
② 옷 수선 작업실
③ 체육실
● 공용 공간
— 자가 건설 공간

10층 평면도

0   10   50

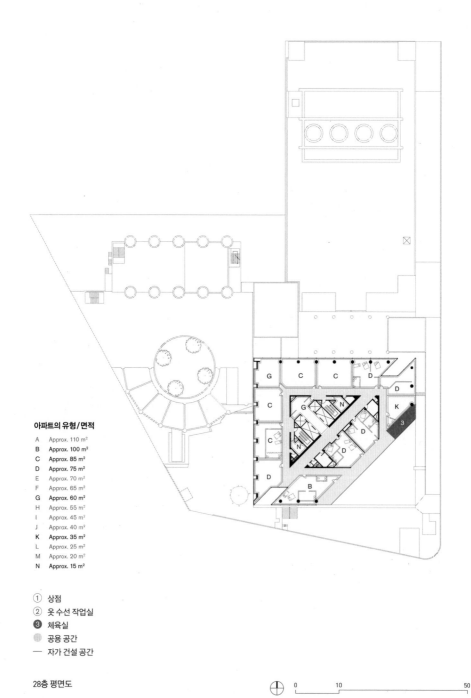

아파트의 유형/면적

A	Approx. 110 m²
B	**Approx. 100 m²**
C	**Approx. 85 m²**
D	**Approx. 75 m²**
E	Approx. 70 m²
F	Approx. 65 m²
G	**Approx. 60 m²**
H	Approx. 55 m²
I	Approx. 45 m²
J	Approx. 40 m²
K	**Approx. 35 m²**
L	Approx. 25 m²
M	Approx. 20 m²
N	**Approx. 15 m²**

① 상점
② 옷 수선 작업실
❸ 체육실
⬤ 공용 공간
— 자가 건설 공간

28층 평면도

0   10   50

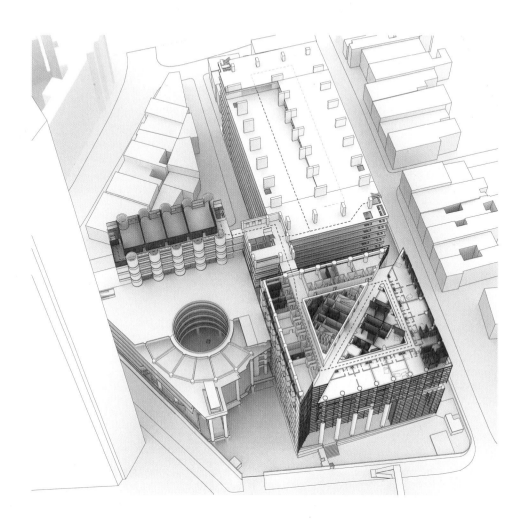

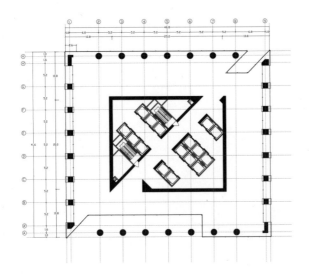

지상층, 무단 점유 전

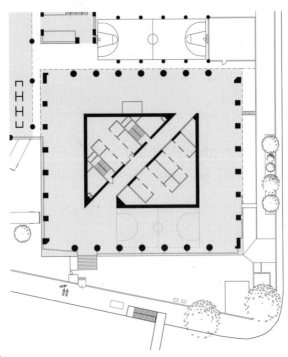

지상층, 무단 점유 후

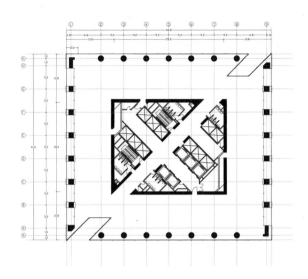

6층, 무단 점유 전

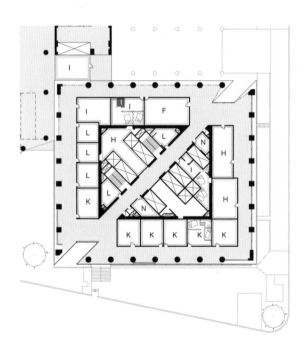

6층, 무단 점유 후

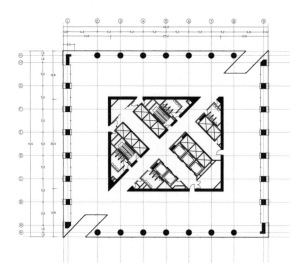

10층, 무단 점유 전

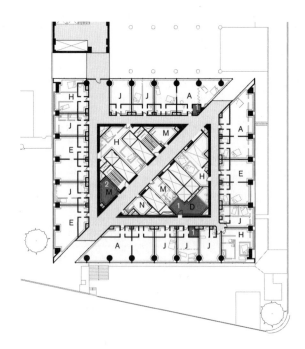

10층, 무단 점유 후

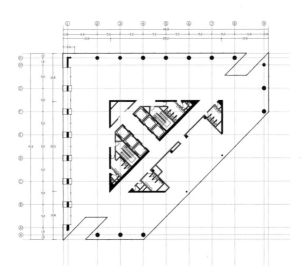

28층, 무단 점유 전

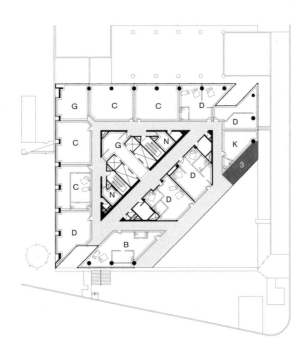

28층, 무단 점유 후

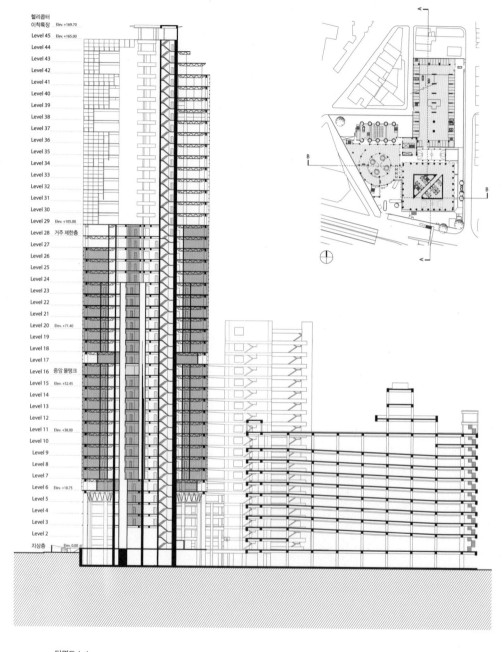

헬리콥터
이착륙장 Elev. +169.70

Level 45 Elev. +165.00
Level 44
Level 43
Level 42
Level 41
Level 40
Level 39
Level 38
Level 37
Level 36
Level 35
Level 34
Level 33
Level 32
Level 31
Level 30
Level 29 Elev. +105.00
Level 28 거주 제한층
Level 27
Level 26
Level 25
Level 24
Level 23
Level 22
Level 21
Level 20 Elev. +71.40
Level 19
Level 18
Level 17
Level 16 중앙 물탱크
Level 15 Elev. +52.45
Level 14
Level 13
Level 12
Level 11 Elev. +38.00
Level 10
Level 9
Level 8
Level 7
Level 6 Elev. +18.75
Level 5
Level 4
Level 3
Level 2
지상층 Elev. 0.00

단면도 A-A

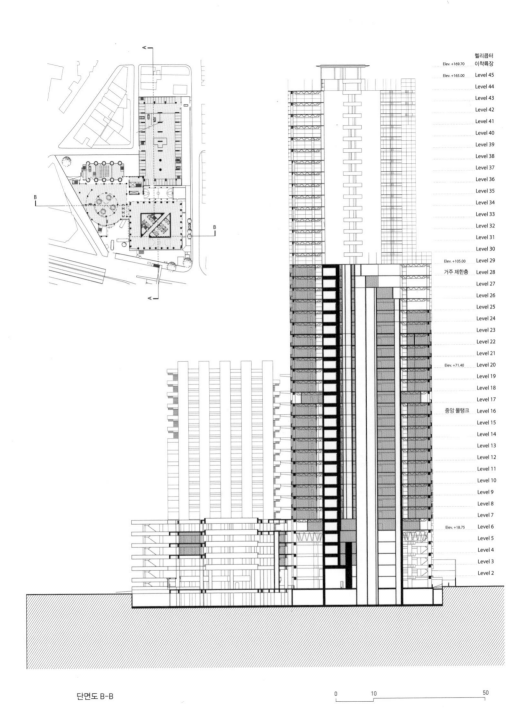

Elev. +169.70	헬리콥터 이착륙장
Elev. +165.00	Level 45
	Level 44
	Level 43
	Level 42
	Level 41
	Level 40
	Level 39
	Level 38
	Level 37
	Level 36
	Level 35
	Level 34
	Level 33
	Level 32
	Level 31
	Level 30
Elev. +105.00	Level 29
거주 제한층	Level 28
	Level 27
	Level 26
	Level 25
	Level 24
	Level 23
	Level 22
	Level 21
Elev. +71.40	Level 20
	Level 19
	Level 18
	Level 17
중앙 물탱크	Level 16
	Level 15
	Level 14
	Level 13
	Level 12
	Level 11
	Level 10
	Level 9
	Level 8
	Level 7
Elev. +18.75	Level 6
	Level 5
	Level 4
	Level 3
	Level 2

단면도 B–B

0   10   50

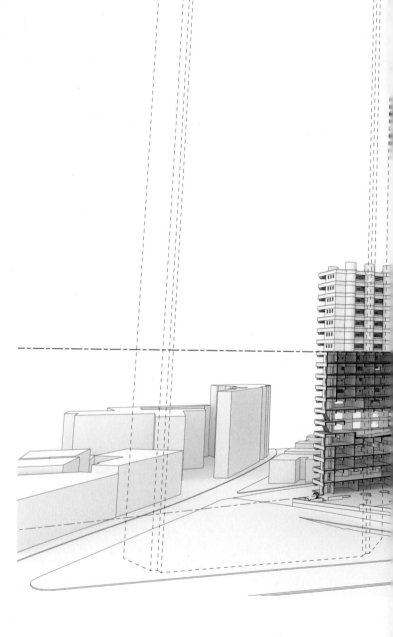

상점들
행정실 / 회의실
아파트
스포츠
종교 시설
입구

위: 뚫린 채로 노출되어 있는 엘리베이터 수직통   사진: 어반 싱크 탱크 / 다니엘 슈바르츠
아래: 바닥에 뚫린 큰 구멍
B동(왼쪽)과 K동(오른쪽)을 연결하는 바닥 슬래브

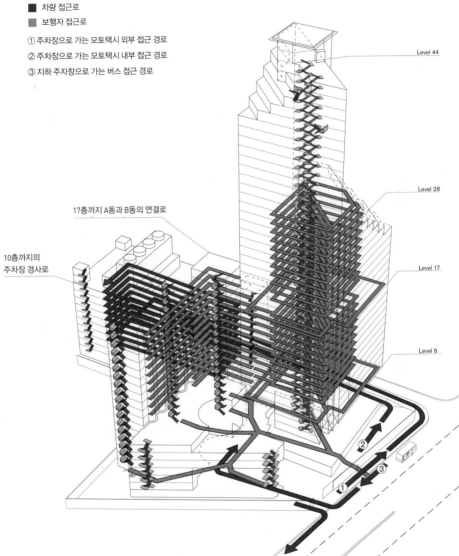

이동 통로 다이어그램

■ 층간 이동 가능 경로

■ 계단

■ 차량 접근로

■ 보행자 접근로

① 주차장으로 가는 모토택시 외부 접근 경로
② 주차장으로 가는 모토택시 내부 접근 경로
③ 지하 주자창으로 가는 버스 접근 경로

17층까지 A동과 B동의 연결로

10층까지의
주차장 경사로

Level 44

Level 28

Level 17

Level 6

거의 대부분의 거주민들이 일상적으로 계단을 이용한다.
계단실은 사회적 상호 작용의 중심 공간이 된다.

엘리베이터가 없는 이 복합 단지에서는 모토택시나 자동차를
고용하고 있다. 이 교통수단이 주차장 10층까지 사람들을 태워다
주면, 사람들은 빠르고 쉽게 건물 A동이나 B동으로 갈 수 있다.

몇몇 주민들은 주차장에 작은 자동차 수리점을 만들어 놓기도 했다.

지상층에 있는 농구 코트는 토레 다비드의 젊은 거주자들이 가장
많이 어울려 노는 곳이다.

공간 변경과 그에 쓰이는 재료들

불법 점유자들이 토레 다비드에 행한 변경 작업을 슬럼화 또는 란초시스[6]라는 단어로 설명하는 것은 어떻게 보면 둘 다 맞기도 하고 둘 다 잘못된 것이기도 하다. 거주자들은 앞으로 나아가기 위해서, 다시 말하면 중산층의 생활을 기준으로 한 정상적이고 이상적인 삶을 향해 나아가기 위해서 과거에 바리오에서 생활했던 경험을 되돌아본다. 건물 전체를 살펴보면 공용 공간에 적용한 방식이나 사용한 재료에 있어서 그리고 어느 정도는 개별 가정의 공간에 사용한 재료에 있어서도 특정한 일관성을 쉽게 볼 수가 있다. 하지만 절충주의적 사고, 타고난 개인의 능력, 실험적 정신, 취향 그리고 재정적인 자원의 차이도 상당한 영향을 미치는 것도 사실이다. 일반적으로 건물을 적응·재사용한다는 것은 무형식적인 것들이 시행착오를 거쳐 〈정상적인 것〉, 혹은 형식을 갖춘 것으로 발전하는 것을 의미한다. 따라서 토레 다비드에서의 구조 변경 작업은 바리오에서 스스로 주택을 지었던 경험에서 얻은 집약된 지식과, 그러한 지식을 그 환경에 맞게 적응시키면서 얻은 새로운 기술과 전략 등을 결합한 것이라고 볼 수 있다.

경제적 문제와 관습적인 이유 때문에 토레 다비드에서 가장 잘 사용되는 재료 중의 하나는, 바리오에서 주택을 지을 때 주로 사용하던 빨간 벽돌이다. 이러한 이유로 거주자들이 만든 구조물들은 바리오에서 쉽게 볼 수 있는 색감, 질감 그리고 형태 등의 느낌을 갖는다. 빨간 벽돌은 토레 다비드에서 사적인 공간의 경계를 표시하는 데에도 사용하는데, 이 역시 바리오에서 빨간 벽돌이 자기 영역임을 주장할 때 사용되는 것과

6   Ranchosis. 도시 거주민들이 정신 속에 잠재되어 있는 슬럼가에 대한 기억을 현재 자신의 환경에 재생산시키는 습관을 의미하는 말이다.

아트리움 안에 공사 중인 아파트
사진: 어반 싱크 탱크 / 다니엘 슈바르츠

비슷하다. 흥미로웠던 일 중의 하나는, 현재 토레 다비드를 점유하고 있는 거주민들이 처음 이주했을 때 같이 들어 온 사람 중 한 명이 벽돌을 제조하던 사람이었는데, 그 사람이 토레 다비드에서도 작은 벽돌 가게를 차렸다. 하지만 건물 곳곳에서 영업 중인 다른 가게들이 어느 정도 성업 중인 것과는 달리, 안타깝게도 그 벽돌 가게는 실패하고 말았다. 왜냐하면 그 가게보다 거주자들이 바리오에 거주할 때 이용하던 벽돌 가게가 더 저렴하기 때문이었다.

처음에는 실험적인 것으로만 여겨지던 몇 가지 창의적인 적용 과정과 디자인 개입이 결국 성공적인 것으로 증명되었다. 우선 복합 단지 안의 건물들 사이를 나누고 있던 벽을 뚫어 버림으로써 공기 순환이 매우 많이 개선되었다. K동과 A동 타워를 연결하는 통로는 벽돌로 만든 벽으로 부분적 봉쇄를 하였는데 덕분에 결정적인 공기 순환은 막지 않으면서도 조금이나마 사생활을 보호할 수 있게 되었다. 어떤 층에서는 이 벽돌 벽에 특정 색을 칠해서 각 〈이웃〉의 구역별 독자성을 나타내기도 한다.

다른 개입에서는, 여러 가지의 방법과 재료를 사용하는 데 있어서 공통적인 문제점이 발견된다. 계단이나 복도, 발코니 등의 보안을 개선하기 위해서 거주자들은 리바[7], 어디선가 주워 온 트러스, PVC 파이프 그리고 모르타르를 바르지 않은 벽돌 등을 사용하여 안정성과 내구성의 강도를 다양화하였다. 이와 같이 재활용을 적용하는 데에는 일반적인 방식과 더불어, 종종 매우 창의적인 방식도 사용된다.

---

7   rebar, 콘크리트 보강용 강철봉 — 옮긴이주.

개별적 성향과 동기

사업가 정신의 발휘

토레 다비드는 정확하게 표현하자면 다목적 용도의 건물이라고 할 수 있는데, 어쩌면 그런 목적으로 설계하고 개발된 건물보다 더 정확하게 그 목적에 들어맞는다고 볼 수 있다. 처음부터 다용도로 계획되었던 건물은 수평적 블록 단위로 서로 엄격히 격리되어 있는 반면에 토레 다비드는 그때그때 필요에 의해 서로 용도를 혼합한 방식이다. 작은 잡화점들은 고층 건물 안의 여러 층에 나뉘어 있어서, 거주자들이 필수품들을 사기 위해 맨 아래층까지 내려가 건물 외부의 상점을 이용하지 않아도 된다. 협동조합은 1층에서부터 10층까지 있는 상점들의 가격을 조정하고, 상점 주인들은 이 가격과 운송 비용 등을 고려하여 정해진 가격대로 물건을 팔아야 한다. 쉽게 오르내리기 어려운 높은 층에 사는 거주자들은 필수적으로 이런 잡화점들의 고정적인 고객이 될 수밖에 없다.

다른 거주자들 중에도 유사하게 사업적인 독자성을 발휘하는 사람들이 있다. 도시의 일류 헤어 전문 살롱에서 하루 단위로 고용되어 있는 한 미용사는 토레 다비드 안에 있는 임대 점포에서 거주자들에게 저렴한 비용으로 커트를 해주고 부수입을 벌기도 한다. 그리고 작업할 때는 건물 안에서 구한 창문을 거울로 사용한다. 또 다른 거주민은 거실에서 두 개의 재봉틀을 놓고 양장점을 운영하기도 한다. 볼리바리안 법학대학에 다니는 학생 한 명은 자기 집 아파트에서 하는 사무용품 및 학용품 상점 일을 돕는다. 작은 스낵바도 있는데 아파트의 정문 바로 옆에 있는 벽감에서 운영하며, 복도로 면한

토레 다비드에서 장사가 잘되는 잡화점
사진: 어반 싱크 탱크 / 다니엘 슈바르츠

건물 내부 기능도

- ■ 상점들
  - ① 큰 규모의 잡화점
- ■ 행정실
  - ② 각 층 관리자들의 모임 공간
- ■ 운동 관련 시설
  - ③ 체육실
- ▦ 텍스타일 작업실
- ■ 종교 관련 시설
- ■ 출입구 주변 지역
  - ④ 신원 확인소
- ■ 중앙 쓰레기 하치장

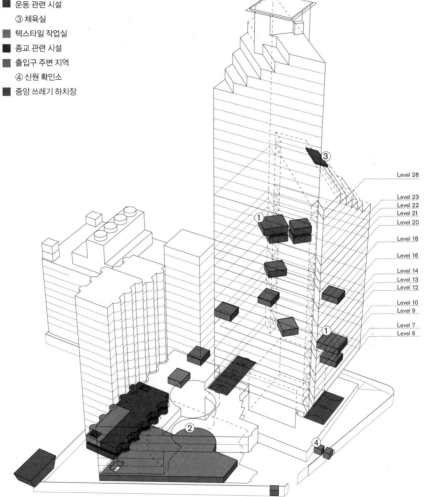

쪽은 방범창으로 되어 있어 복도에서 접근할 수 없게 되어 있다.

협동조합 자체도 지휘부의 구성원들, 그 하위 단계의 관리자들, 보안 경비원들 그리고 전기와 수도 관련 기술자들을 포함하여 33명이 고용되어 있는 일종의 기업이라고 볼 수 있다. 토레 다비드는 또한 모토택시 운전수, 잡화점 주인들과 점원들 또는 자신의 공간을 스스로 변경할 전문 기술이 부족한 거주자들이 건설업자들을 고용하여 일할 기회를 제공하기 때문에 일종의 〈일자리 창출〉의 역할도 톡톡히 하고 있다.

건축적 무질서

사실상 거의 모든 가정의 생활 공간이 공사 중이기 때문에, 어떤 부분을 관찰해도 그것은 마치 싱글 프레임으로 찍어 대는 끝나지 않는 영화같이 보인다. 어느 날은 임시변통의 칸막이였던 것이 그다음 날은 아주 잘 지어진 회반죽을 칠한 벽으로 변하고 그다음에는 페인트까지 칠해져 있는 모습이 담긴 영화처럼 말이다. 게다가 토레 다비드의 거주민들이 스스로를 위해 디자인하고 지은 〈아파트〉들에는 상당히 넓은 범위의 다양성이 존재한다. 생활 환경 또한 각 가정에 따라 슬럼가의 분위기를 그대로 풍기는 곳부터 중산층(어쩌면 중상류층까지도)의 분위기가 느껴지는 집까지 그 범위가 다양하다. 이것은 부분적으로는 그 집과 관련된 개개인의 기능 — 얼마나 최근에 이사 왔는지, 어떤 재능과 능력을 갖고 있는지 그리고 집에 대한 열정은 어느 정도인지까지 — 에 따른 것이다. 그리고 어느 정도는 건물 안에서 갖는 위치의 영향도 크다. 고층 건물의 7층부터 16층까지는 원래 호텔을 위해 설계된 자리여서 접근로가 있고, 거주 형태를 갖춘 파티션도 남아 있고, 공기 순환 장치까지 이미 있는 상태였기 때문에 그곳에서 아파트를 만드는 계획 및 개조 작업은 훨씬 쉽다. 반대로 아트리움 주변의 바로 위층에 있는 공간은 비규칙적으로 분리되어 있어서, 꼭 필요한 벽돌벽이나 콘크리트 벽조차 부족한 형편이다.

거주자들에게 가장 우선시되며 제일 중요한 건축적 작업은 거주 가능한 공간 자체를 확보하고 만드는 일이다. 그 목적을 달성하기 위해서 거주자들은 가장 기본적인 방식을 이용해 해결하려고 한다. 예를 들어 줄을 설치해서 이불이나 빨래를 널어 놓는다든지, 상자를 쌓아 올린다든지, 찬장이나 캐비닛과 가구로 벽을 삼는다든지 하는 방식으로 말이다. 때로는 빨간 벽돌이나 시멘트 벽을 쌓기도 하는데 벽돌 벽은 임시로 모르타르 없이 벽돌 몇 층 높이로 쌓아 올리는 방식이다. 모르타르를 발라 1.5미터에서 2미터 정도 쌓아 올린 벽도 있지만 그 높이가 위층의 슬래브에까지는 미치지 못한다. 하지만 몇몇 거주자들은 여기에 그 위를 덮는 간이식 천장을 설치했다. 다른 개량 작업에는 갖가지 장식은 말할 것도 없고 시트록[8], 스투코[9], 페인트 도색 등의 방법 등이 있다. 환기 시설로는, 외부 벽에 있는 창에 대부분 의지하는데 몇몇 거주자 중에는 전기 환풍기를 설치한 곳도 있다. 기발한 아이디어를 가진 어떤 거주자는 컴퓨터의 냉각팬을 주워 와서 간이식 천장에 설치해 놓았다.

흥미로운 것은 토레 다비드의 거주자들이 가장 마지막으로, 그것도 최소한의 투자를 하는 부분이 바로 바닥 부분인데, 그래도 리놀륨이나 타일을 깐 집도 있고 가끔 카펫을 깐 집도 볼 수 있었다. 하지만 대개는 콘크리트 바닥 그대로 살고 있다. 이와 반대로 바리오에 사는 사람들의 경우는 바닥과 천장을 단단히 잘 만드는 데 주로 많은 투자를 하는 경향이 있는데 그 이유는 천장의 경우 궂은 날씨로부터 보호받기 위해서이고, 바닥의 경우는 빗물이나 흙이 새어 들어오는 것을 막기 위해서이다.

조명의 경우 낮에는 대부분의 거주자들이 거의 전적으로 자연광에 의지한다.

---

8 sheetrock. 종이 사이에 석고를 넣는 석고 보드 — 옮긴이주.

9 stucco. 치장 벽토, 골재나 분말, 물 등을 섞어 벽돌, 콘크리트, 어도비나 목조 건축물 벽면에 바르는 미장 재료 — 옮긴이주.

저녁이나 밤에는 다양한 종류의 인공 조명을 사용한다. 에너지 소비율이 높은 백열등에서부터, 소형 형광등(CFL)이나 LED 조명까지 다양하다. CFL이나 LED 조명의 경우에는 베네수엘라 정부에서 에너지 소비를 줄이기 위한 방침에서 바리오 거주민들에게 무상으로 배급한 것이다. 거의 모든 가정은 사실상 조명으로 사용하기에 적합하지 않음에도 불구하고, 그래도 어느 정도 불빛을 반사한다는 이유 때문에 유독 커다란 평면 TV를 갖고 있다. 휴대폰의 경우도 아주 흔한데, 덕분에 와이파이 연결이나 케이블/DSL 연결이 부족한 건물 안에서 인터넷 연결이 가능하다.

사진: 어반 싱크 탱크 / 다니엘 슈바르츠

현재

여러 가지 생활 기반 시설

무엇보다도 토레 다비드의 협력과 공동 작업의 결과를 명백히 보여 주는 증거 중의 하나가 기반 시설인데, 이것들이 아무리 급하게 날림으로 만들어졌다 하더라도 언덕배기의 바리오에서 발견할 수 있는 것에 비하면 훨씬 안정되고 신뢰할 수 있는 수준이기 때문이다. 하지만 거주민들이 살아가는 데 가장 필요한 생활 기반 시설들의 우선순위는 토레 다비드에서나 바리오에서나 비슷하다.

하수 및 쓰레기 처리 시설

거주자들에 의하면 지하 주차장은 종종 하수나 빗물이 흘러 들어와 사용하기에 곤란하고 부적합하다고 한다. 이렇게 물에 잠기는 정도가 거주자들이 받아들이기 어려울 정도가 되면 지방 자치 단체에 도움을 요청하고, 자치 단체에서는 많은 물을 끌어올릴 수 있는 양수 트럭을 보내 준다. 그래도 항상 물웅덩이가 남아 있어서, 거주자들의 조금 과장된 표현에 의하면 아주 잠시 동안이라도 그 고인 물을 깨끗이 다 뺄 수 있으려면 양수 트럭이 1백 대는 있어야 할 거라고 한다. 협동조합이 감당하기에는 역부족이지만, 그래도 꼭 해야 하는 보수 작업 중 하나를 꼽는다면 카라카스에서 계속적으로 반복되는 홍수로 인해 물이 스며드는 바닥을 대대적으로 공사하는 것이다.

호텔로 사용될 예정이었던 7층에서 16층까지는 이미 하수 배관이 설치되어 있어서, 그곳을 점유하게 된 거주자들은 그 배관을 이용해 손쉽게 위생 시설이

때때로, 빗물이나 하수가 타워의 지하층에 유입되어 고이기도 한다.
사진(아래): 어반 싱크 탱크 / 다니엘 슈바르츠

가동되도록 만들었다. 어떤 거주자들은 물 한 양동이와 중력을 이용하여, 수세식 변기처럼 만들어 그 하수를 토레 다비드의 중심부에 있는 기존의 하수 시설로 내려 보내고, 다시 지방 자치 단체의 하수 시스템으로 배출하는 방식을 이용하고 있다.

하수 처리와 비교하면, 쓰레기 처리는 그다지 큰 문제는 아닌 것처럼 보인다. 하지만 토레 다비드의 인구가 계속 증가하고 있기 때문에 — 게다가 카라카스의 기후를 고려하면 — 앞으로도 지속적인 문젯거리가 될 것이다. 전에는 복합 단지에 방치되어 있던 컨테이너에 쓰레기를 버렸다가 그 주변에 쥐들이 들끓기 시작하자 주민들이 협동조합 측에 그 컨테이너를 반 블록 옆으로 옮겨 달라고 요청한 적이 있다. 각 가정은 모두 각자의 쓰레기를 스스로 해결해야 하는 문제점을 안고 있다.

상수도 시설

거주자들은 도시 수도 본관에서 공급되는 루브 골드베르지안[10] 시스템을 적용하고 있다. 수도는 B동의 11층까지 끌어올려졌다가 그곳에서 다른 펌프를 이용하여 고층 건물 A동의 16층에 있는 약 22세제곱미터 용량의 중앙 물탱크로 양수된다. 하지만 또 다른 펌프가 수도를 위아래 여러 층으로 배분한다. 또 22층에 있는 또 다른 펌프는 28층으로 물을 끌어 올린다. 2.5센티미터 구경의 PVC 파이프로 공급되는 메인 물탱크는 잠겨 있는 계단실 안에 있는데, 원래는 세 개의 벽만 세워져 있던 기존의 공간에 거주자들이 3미터 높이의 콘크리트 벽을 추가 설치하였다. 수위를 감시 관찰하기 위하여 그 층의 관리자는 직접 만든 사다리를 타고 손전등을 갖고 다니며 물탱크를 관리한다.

건물 안에는 생활 공간 각각에 수도를 직접 공급할 만한 배관 시설이 제대로 되어 있지 않기 때문에 거주자들이 임시변통으로 시설을 만들었다. 일주일에 한 번

10　Rube-Goldbergian system. 미국의 샌프란시스코 시청에서 일하던 기술자인 루브 골드베르그의 이름을 딴 상하수도 시스템 — 옮긴이주.

각 층의 관리자가 계단실의 문을 열어 주면, 그곳에 있는 수직으로 된 수급 배관의 밸브를 열어서 긴 호스를 연결한 뒤(때로는 그 호스가 어마어마하게 길기도 하다) 물을 공급받는데, 각 가정에 있는 약 5백 리터 용량의 물탱크를 적어도 두 개 정도 채울 수 있다. 그 물은 대부분의 경우 음료로 적합하지 않기 때문에 거주자들은 이 물을 끓여서 사용하거나, 부족한 양은 20리터 통에 든 생수를 개인적으로 돈을 내고 주문해서 배달받는다.

점유 초기에는 수도 공급량이 적절했지만, 수도 사용량이 급격히 증가하고, 점차 각 가정에서 변기, 싱크대, 식기 세척기, 세탁기 등을 사용함에 따라 수도 배관에 무리가 가해졌다. 이제까지 거주자들은 카라카스 수도 공사인 하이드로캐피탈에 51만 볼리바르(미국 달러로 5만 6천6백 달러)의 빚을 졌는데, 그렇다고 수도가 끊길지도 모른다는 걱정을 할 이유가 없는 이유는 베네수엘라에서는 수도 공급을 받을 권리가 보장되어 있어서 돈을 내지 못한다 하더라도 결코 수도 공급을 중단시킬 수는 없기 때문이다.

왼쪽: A동의 16층에 있는 중앙 물탱크
오른쪽: A동의 양수기 중 하나

사진: 어반 싱크 탱크 / 다니엘 슈바르츠

현재

수도 공급

① 중앙 물탱크 — 16층

A동으로의 물 공급은 중앙 물탱크로부터 매주 양수되어 공급된다.

② 양수기들

③ 아파트 물탱크

매주 각 아파트 당 5백 리터짜리 물통 두 개 정도에 물을 채운다.

④ 도시 수도 본관

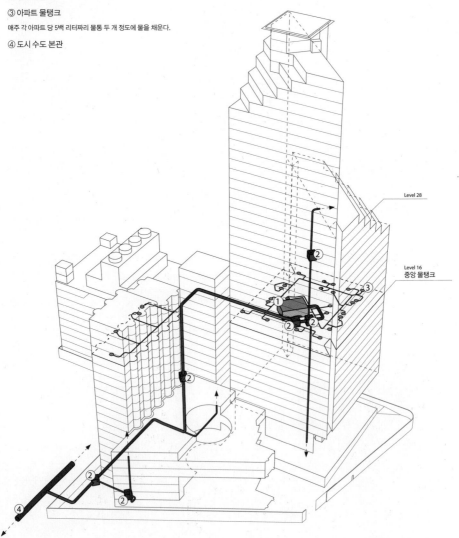

Level 28

Level 16
중앙 물탱크

수도 공급

A동

물 공급 호스

— 영구적으로 사용되는 호스
---- 개별 가정으로 연결된 호스

양수기

■ 16~28 층
■ 15~1 층

물탱크

▨ 거주자들이 만든 중앙 물탱크
● 5백 리터짜리 가정용 물탱크

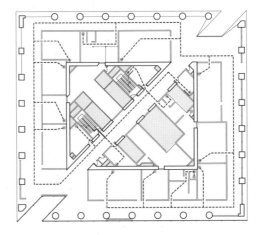

6층

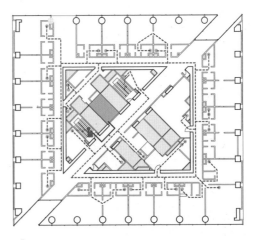

16층

어떤 거주자들은 타워 중앙 수도 시스템에서 공급받은 물을 더
보충하기 위해서 외부에서 식수를 구입해서 사용하기도 한다.

전기 시설

토레 다비드의 거주자들에게 전기는 바리오에 있을 때보다 토레 다비드의 건물 구조상 거주 적합성을 향상시키는 데 가장 필수적인 요소이다. 단순히 거주자들의 가전제품이나 기기를 사용하기 위해서 뿐만이 아니라 물을 양수하기 위해서 그리고 위험한 복도나 계단을 밝게 하기 위해서 필요하다. 하지만 건물 내부에 전기를 공급하는 작업은 계속 지연되고 있고 여러 가지 문제도 많았다. 2003년 처음 무단 점유를 시작했을 때 점유자들은 아주 기본적인 전선과 배전 상자를 조작하여 거리에 설치된 전봇대로부터 전기를 끌어왔다. 2007년, 현재의 점유자들이 들어온 시기에도 새로운 점유자들의 필요에 의해서 그리고 너무 열악한 환경 탓에 형식적이고 제대로 된 전기 관리 구조가 불가능했기 때문에, 이전과 같은 방식으로 유지해 왔다. 일단 협동조합이 확실히 정립되고 나자 대표단은 보다 안정적이고 지속적인 전기 공급을 제공받도록 공식적으로 계약하기 위해서 베네수엘라 전력 공사 Corpoelec (전력부 산하 기관)와 접촉하였다. 그렇게 하기 위해서 협동조합은 우선 지난 몇 년간 시市의 전기 시스템을 불법적으로 사용함으로써 쌓인 부채를 미국 달러로 약 1만 달러 정도 상환해야 했다.

　　5명의 전기와 수도 관리팀은 12시간마다 교대로 근무하고 양방향 무전기로 끊임없이 연락을 취하면서 전기 분배 및 관리에 책임을 지고 전기 시스템에 대한 지속적인 관리 태세를 취하고 있다. 몇 주 마다 한 번씩 이 기술 관리팀은 토요일이나 일요일에 모여서 중요한 부분의 접속 상태를 검사하고 기후에 의한 손상이나 일상적인 사용으로 마모된 전선이나 배전 상자의 고장을 수리한다. 전기 관련 시설과 그 유지 관리 작업은 매우 위험하므로 작업 중에 어린이들은 절대적으로 그 인근에 접근하는 것이 금지된다. 주요 전기 회로판은 6층에 있는 손으로 만든 나무 상자에 고정시켜 놓았는데 비바람에 그대로 노출되어 있다.

토레 다비드의 전기는 전력 공사의 트렁크 케이블로부터 분기, 연장된 네 개의 케이블을 통해 건물 안으로 송전된다. 그중 두 개의 케이블은 처음 건물에 전기를 연결할 때 설치된 것이고 나머지 두 개는 두 번째로 설치된 것이다. 2012년 9월경 협동조합은 세 번째 단계의 전화電化 요청서를 완성하였는데, 이것은 하나의 굵은 전선으로 거리에 있는 전기를 단지로 끌어오는 작업에 해당한다. A동과 B동은 각각 기존의 전기 시스템을 갖고 있지만, 복합 단지를 위한 변전소가 없다. 비록 거주자들이 지금은 어느 정도 안정되고 적절히 공급되는 전력에 만족하고 있는 상태지만, 때때로 소비량이 급등하는 경우 전기 공급용 송배전망에 과부하가 걸린 나머지 작은 화재가 일어나는 경우가 있어서, 기술팀이 하나에 3천 볼리바르(미국 달러로 350달러 정도)나 하는 메인 스위치를 바꾸지 않으면 안 되는 상황까지 가기도 한다. 토레 다비드의 전력 소비량은 점점 증가해서, 현재 한 달에 소비되는 전력 소비량은 총 116,181.81킬로와트아워로, 공급할 수 있는 적정 전력량에 무리가 가는 위태로운 상황에 직면해 있다. 하지만 이 소비량이 유럽 연합의 평균 소비량의 반을 조금 넘는

왼쪽: 2011년의 중앙 전기 배전반
오른쪽: 2012년의 중앙 전기 배전반
사진: 어반 싱크 탱크 / 다니엘 슈바르츠

255

정도이고 베네수엘라 평균과 비교해도 삼 분의 일에도 못 미치는 것을 보면 소비량이 과한 것은 아니다.

물론 소비(전력 소비량)를 줄이는 것이 명백한 해결책이지만, 물을 양수해야 하기 때문에 기본적으로 전력이 필요한 것은 물론이고 사회 경제적 계층과 상관없이 유형 자산에 투자하려는 카라카스 주민들의 성향 때문에 그것은 거의 실현 불가능한 해결책이라고 볼 수 있다.

토레 다비드의 거주자들은 그들의 경제적 복지의 불안정에도 불구하고 부분적으로는 점유 상태의 불안정성 때문인지 유형 자산을 소유하려는 경향이 어떤 카라카스의 주민들에 비해 결코 뒤지지 않는다. 하나의 아파트 안에 있는 물품 목록만 봐도 TV 두 대, DVD 플레이어, 냉장고, 컴퓨터, 사운드 시스템, 백열 전구 다섯 개, 휴대폰 세 대, 환풍기 두 대, 헤어 드라이어, 드릴, 세탁기, 다리미 등이 있다. 따라서 내부 전기 접속에 지속적인 문제가 생기고, 케이블과 스위치들을 지속적으로 손봐야 하고, 전기를 사용하는 데 불균등한 전력 소비 급증 현상이 일어나는 것은 놀라운 일이 아니다.

베네수엘라 전력 공사는 토레 다비드의 대표자들과 만나 전기 및 수도 담당 기술자들이 이행 및 관리할 수 있는 안전 개폐기(회로 차단기)나 여러 종류의 접속 시설의 사용을 제안하는 등 전기 시설 개선 및 보수 계획에 대해 협력 작업을 하고 있다. 물론 여타 유틸리티 공급 사업이 그런 것처럼 전력 공사도 건물의 대지의 경계를 넘어서 내부까지 작업을 하는 경우는 드물지만, 그래도 과거에 전력 공사가 건물 내부에 전화 작업을 해주겠다고 제안했던 적이 있었다. 하지만 거주민들은 비용이 많이 들 것을 우려하여 거절했다. 그래서 전력 공사는 그러한 계획을 추진하는 데 드는 비용의 75%를

현재

대신 내주겠다는 제안까지 했지만, 2012년 4월 토레 다비드에 수색대가 급습하는 일이 생기고(1장에서 언급), 그 후에도 그 제안이 계속 유효한 것인지에 대한 의심이 생겼다.

전력 공급

① 건물 회로 차단기
② 층별 회로 차단기
③ 아파트 회로 차단기
④ 전력 소비량 계측기
⑤ 도시 전기 배전망

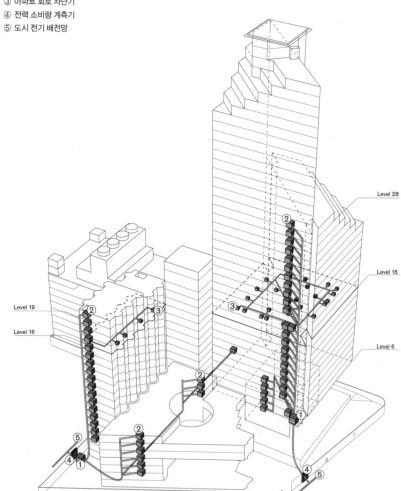

전력 공급

A동

케이블
- ▬▬ 중앙 케이블
- ── 층별 분배
- ── 각 개인 회로 차단기로 연결

회로 차단기
- ■ 중앙 회로 차단기
- ■ 2차 회로 차단기
- ▪ 개별 회로 차단기

양수기
- ■ 16~28층
- ■ 15~1층

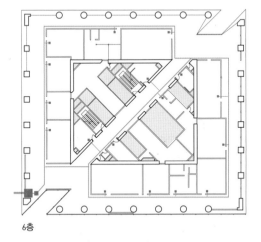

6층

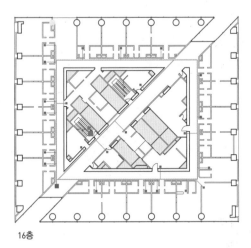

16층

고층 중 한 곳에서 발견된 사용되지 않은 엘리베이터 모터와 에어컨
부품들. 몇 가지는 분해되어 재사용되었다.

계단실과 마찬가지로, 복도 역시 사회적 교류의 공간이 되어 가고
있다. 어린 아이들은 이곳에서 게임을 하며 놀기도 하고 이웃들은
형형색색의 복도에서 만나 담소를 나누기도 한다.

여러 명이 팀을 이루어 건물 B동의 지상층에 새로운
교회를 만들고 있다.

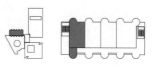

B동 8층

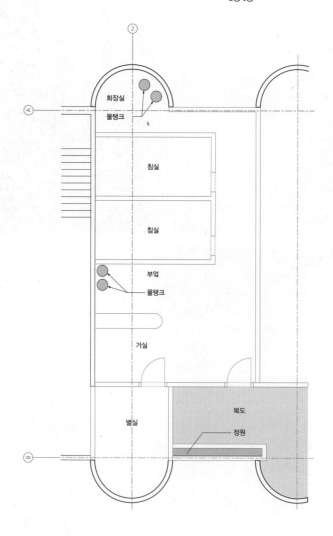

화장실

물탱크

침실

침실

부엌

물탱크

거실

별실

복도

정원

평면도

0 1 2

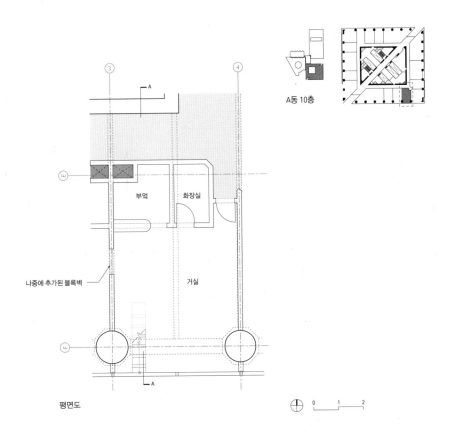

A동 10층

부엌

화장실

거실

나중에 추가된 블록벽

평면도

0　1　2

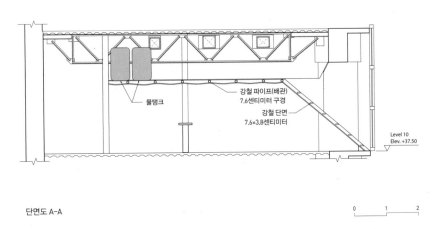

물탱크

강철 파이프(배관)
7.6센티미터 구경

강철 단면
7.6×3.8센티미터

Level 10
Elev. +37.50

단면도 A-A

0　1　2

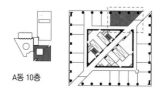

A동 10층

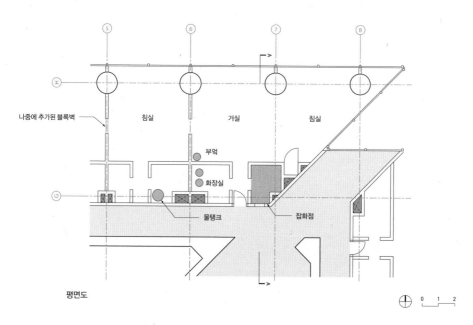

나중에 추가된 블록벽

침실

거실

침실

부엌

화장실

물탱크

잡화점

평면도

0 1 2

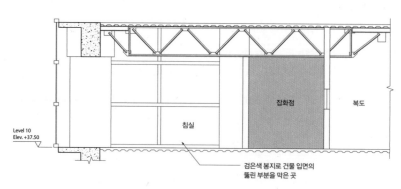

Level 10
Elev. +37.50

침실

잡화점

복도

검은색 봉지로 건물 입면의
뚫린 부분을 막은 곳

단면도 A-A

0 1 2

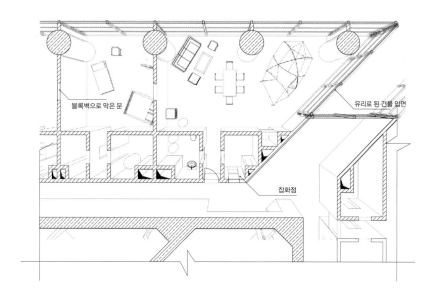

블록벽으로 막은 문

유리로 된 건물 입면

집화점

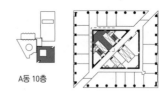

A동 10층

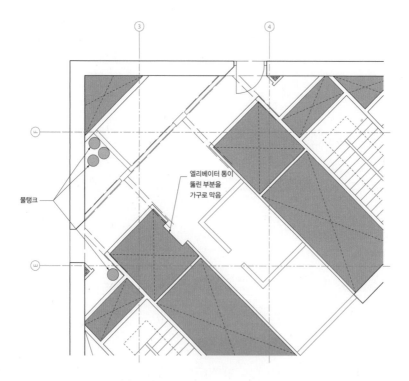

물탱크

엘리베이터 통이
뚫린 부분을
가구로 막음

평면도

0 1 2

274

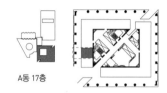

A동 17층

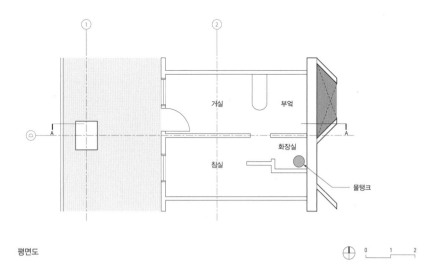

거실   부엌

화장실

침실

물탱크

평면도

0   1   2

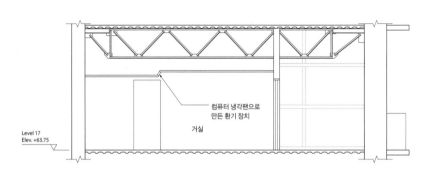

컴퓨터 냉각팬으로
만든 환기 장치

거실

Level 17
Elev. +63.75

단면도 A-A

0   1   2

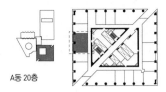

A동 20층

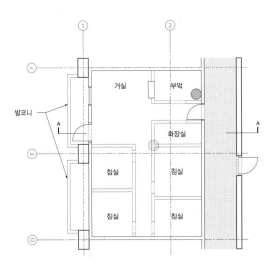

발코니

거실

부엌

화장실

침실

침실

침실

침실

A

A

① ②

F

E

D

평면도

0 1 2

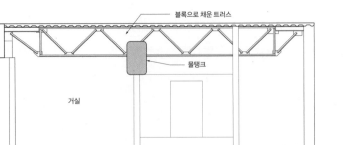

블록으로 채운 트러스

물탱크

거실

Level 20
Elev. +75.00

단면도 A-A

0 1 2

276

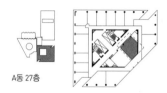

A동 27층

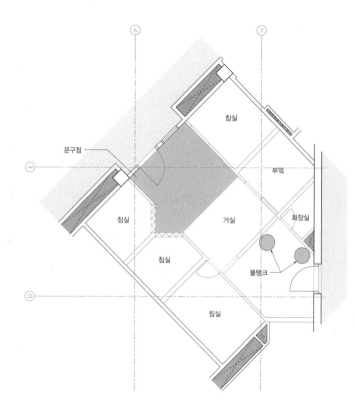

문구점

침실

부엌

침실

거실

화장실

침실

물탱크

침실

평면도

0　　1　　2

이미 천장이 있다면, 토레 다비드의 새로운 거주자에게 있어서
반드시 필요한 것은 거의 없다. 하나의 텐트와 이불 몇 장이면
개인적인 공간을 만들기에 충분하다.

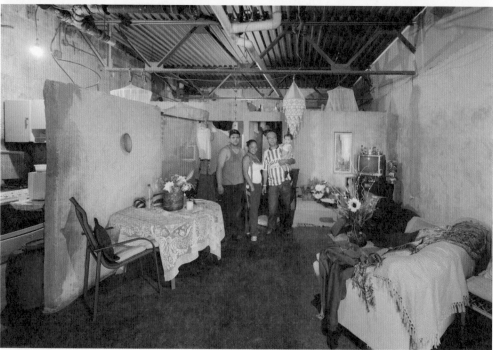

거주자들이 자신의 개인적인 공간을 규정하기 위해 벽을 만들면서,
몇몇은 스투코를 발라서 그들이 만든 공간의 분위기나 외관을
바꾸기도 한다.

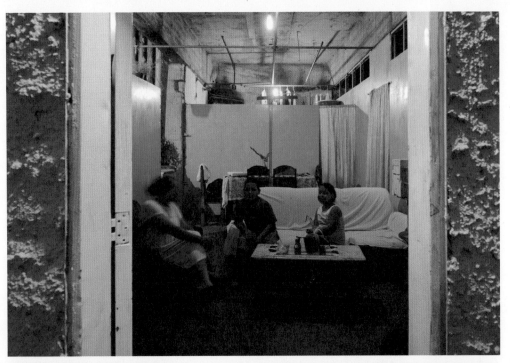

어떤 거주자들은 원래의 기본적인 벽돌 상태로 그대로 두는
반면, 어떤 사람들은 자신들의 집을 여러 가지 종류의 마감재로
장식하기도 한다.

2007년 92세의 나이로 옮겨 온 이 여성은 20층에 있는   살고 있는 층을 벗어난 적이 없다고 한다.

이 아파트에서 아직까지 자식들과 손자들과 함께 살고 있다.

그녀는 이사 온 후 5년간 이 건물은 물론이고,

도기 타일로 벽을 장식하는 것에서부터 코끼리 장식까지 거주자들은
그들의 공간을 장식하기 위해 모든 종류의 재료를 총동원한다.

거주자들은 종종 매우 기발하게 공간을 사용한다. 이 가족은 사는
공간을 최대화하기 위해서 내부에 복층 공간을 만들었다.

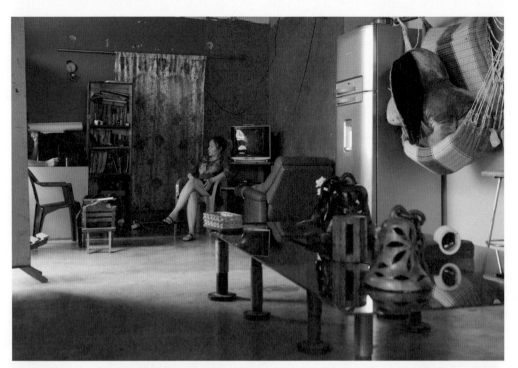

거주자 중 한 명인 글라디스 플로레스는 입면에 사용했던 유리
패널과 엘리베이터 부품 중 스프링을 이용하여 테이블을 만들었다.

생일 파티를 하고 있는 거주자들. 스파이더맨 모양의 피냐타(미국 내   축하 풍선 등으로 장식한 것이 보인다.
스페인어권 사회에서 아이들이 파티 때 눈을 가리고 막대기로 쳐서
넘어뜨리는, 장난감과 사탕이 가득 든 통 – 옮긴이주)와

B동에 있는 교회에는 독실한 신자들이 많다. 가끔 스피커를
이용해서 단지 내 전체에 예배 설교를 들려주기도 한다.

헤어 살롱이나 양장점 작업실부터 잡화점이나 공동체 체육실에
이르기까지, 거주자들은 토레 다비드 전체에 걸쳐 다양한 종류의 작은
가게들이나 여러 가지 공용 공간을 만들어 놓았다.

거주자들은 복합 단지 전체를 쉽게 이동할 수 있도록 여러 벽을
여기저기 뚫어 보행 통로를 만들었다.

어떤 거주자들은 건물 A동과 아트리움의 콘크리트 기둥들 사이에
집을 만들기도 했다.

복합 단지의 주요 입구로 설계되었던 아트리움은 이제는 공동체의
모임을 갖는 장소로 용도가 변경되었고 개인 아파트들도 점점 많이
생겨나고 있다.

아직 점유되지 않은 29층 이상의 층들은 2007년에 거주자들이 처음
이곳으로 이주해 왔을 때의 모습 그대로이다.

밤이 다가오자, 아파트와 거주자들의 개성이 빚어낸 조명과 장식의
다양성이 더 분명히 드러난다.

토레 다비드는 과연 무엇일까?

토레 다비드를 밀착하여 집중적으로 조사해 온 결과, 이제 그동안 품어 왔던 의문점들에 대한 답을 찾아보기 시작할 때가 된 것 같다. 안드레스 레픽이 서론에서 설명한 바와 같이 확실히 토레 다비드는 평범한 범주 내의 슬럼도 아니고, 수직형인 것도 그 반대인 것도 아니다. 그렇다고 일반적인 의미의 거주용 고층 건물의 기준에 부합하는 것도 아니다. 어쩌면 두 가지의 성향을 동시에 취하고 있으면서, 도시 개발 부분에서 자신만의 독특하고도 단독적인 유형을 취하고 있는 듯하다.

　　어떤 부분에서는 토레 다비드의 선례를 바리오에서 발견할 수도 있을지 모른다. 바리오에서 부족한 행정적 측면에 즉흥적인 해결책을 적용하듯이, 토레 다비드에서도 부족한 기반 시설에 임시변통의 해결책을 사용한다. 빨간 색 벽돌과 같은 유사한 재질이 양쪽 모두에서 발견된다거나, 아치형으로 모양을 낸 출입구나 창문의 인테리어 방식 그리고 구멍을 뚫어 통로를 만든다거나 하는 특정 건축 요소가 양쪽에서 모두 발견된다는 점 등도 그런 부분이다. 특정 관습이나 습관도 여전히 지속된다. 독자들 중에는 토레 다비드에 안전장치가 결여되어 있다는 것, 특히 아이들을 보호해 줄 안전 조치가 미흡하다는 점에 충격을 받을 수도 있다. 실제로 건물 외관 부분에 막아 놓지 않은 구멍을 통해 떨어져 적어도 한 명 이상이 죽은 사실이 있다. 하지만 언덕 지역의 바리오 역시 위험한 것은 마찬가지이다. 한 거주자의 설명에 의하면 바리오에서는 아이들에게 항상 주변을 조심하라고 가르치고, 당연히 조심할 것으로 기대한다고 한다.

점유 상태의 불안정성이 있기는 하지만 그래도 토레 다비드는 구조적으로 튼튼하고 내구성이 있기 때문에 많은 가정들이 아파트와 같은 공간을 만드는 데 있어서 보다 영구적인 측면을 위해 더 열심히 노력하는 등 다른 곳에서 볼 수 없는 조금 다른 종류의 열망을 찾아볼 수 있다. 바리오의 물리적 취약성이 — 주택의 구조 상태나 그들의 거주 환경이 산사태 때 흘러내리는 흙더미에 노출되어 있는 점, 인구 밀도가 높다는 점 등 — 토레 다비드의 낮은 인구 밀도보다 주인의식을 갖는 데는 더 큰 걸림돌이 될 수 있다. 그리고 토레 다비드의 거주 공간은 바리오 거주 지역과 마찬가지로 끊임없이 생성, 확장 그리고 향상되는 상태이긴 하지만 비슷한 상황에서도 토레 다비드의 많은 거주자들은 명백하고 단호하게 중산층의 생활 환경으로 개선하려는 목적을 갖고 있다는 면에서 바리오와는 다르다.

토레 다비드의 가장 기초가 되는 요소 중의 하나는 무엇보다도 바로 공동체의 본성이라고 볼 수 있다. 그 공통 기반은 거주자들의 종교적인 제휴를 넘어서서 같은 목적을 공유한다는 기반에서 만들어진 것이다. 이러한 점에서 토레 다비드의 공동체는 보다 진보적인 속성을 갖고 있다. 또한 그 공동체가 운영되는 데 있어서 행정적인 실패 등은 거의 나타나지 않고 오히려 지속적으로 보다 나은 삶을 위해 분투하는 모습을 보여 주고 있다. 1960년대 번성했던 공동 집단들과는 달리, 토레 다비드는 어떤 정권이나 체제 혹은 생활 방식에 대한 반감이나 저항을 바탕으로 생겨난 공동체가 아니다. 일반적으로 그런 집단은 〈현실 세계〉의 상황이 바뀌거나 개인적으로 위급한 상황이 개입되거나 뚜렷한 목적을 상실하거나 또는 정체 상태가 지속되면 종종 붕괴된다.

토레 다비드의 거주자들은 자신들이 속한 사회에 지속적으로 참여함으로써, 그 안에서 삶을 개선하고 싶게 하는 끊임없는 자극을 받고 있다. 이것은 보통의 공동체

집단에는 결여되어 있는 부분이다. 이러한 현상은, 결국 그 지역의 지속적인 개발 및 성장과 긴밀하게 연관된다. 거주자들과 함께 활동했던 건축가들은 어떤 디자인이 갖는 목적이나 결말에 대해 일반적으로 품게 되는 평범한 가정에 회의적인 태도를 갖는다. 디자인이란 계속 변화하는 현재에 적응하면서 끊임없이 발달한다고 생각하는 것이다. 이러한 점에서 토레 다비드는 대규모 인구가 유입되고, 바리오로 대표되는 무허가 거주 지역의 개발 형태가 성장하면서 조심스럽고 세심하게 만들어진 도시 계획을 결국 갉아 먹고 약화시키는, 초거대 도시의 축소판이라고도 볼 수 있다.

　　　토레 다비드에는 〈스타 건축가〉란 없다. 엄밀히 말하면, 어떤 종류가 되었든 건축가라는 건 없다. 거주자들은 〈디자인의 원리〉라든지 심미론이라든지 혹은 과거로부터 물려받은 지혜 등에 구애받지 않고 그들 스스로가 수긍할 수 있는 것들을 만들거나, 그들의 목적이나 개성에 맞는 것들을 지을 뿐이다. 그들은 변경이나 무계획성 등을 문제 삼지 않을뿐더러, 순차적 개발 혹은 단계적 개선 등과 같은 개념에도 역시 얽매이지 않는다.

　　　만일 이것이 우리의 미래라면 ─ 만일 토레 다비드가 무계획적인 도시의 축소판이라면 ─ 건축가들과 도시 계획가들은 다음과 같은 중대한 도전에 맞서게 된다. 도대체 우리는 무엇과 누구를 위해서 일하는가? 우리는 정확하게 무엇을 디자인하며 그것이 향하는 결말은 무엇인가? 이 문제에 있어서 우리가 가진 전문적인 기술과 지식들을 최대한 활용하고 그리고 그 공동체가 갖고 있는 건전한 무계획성과 무형식성을 존중하고 유지하는 선에서 우리는 토레 다비드에 어떤 것을 제공할 수 있을 것인가?

이봐요, 지금 여기서 중요한 것은
이제 작업을 끝낸 후 층마다 다니면서
사람들에게 에너지 소비에 대한
경각심을 갖도록 설득해야 한다는
거예요. 지금 전력 소비량이 너무
높아서 에너지 소비를 줄이지 않으면
안 된단 말입니다.

— 호르헤 모랄레스Jorge Morales, 토레 다비드의 거주자이자 전기 담당 책임자

III:가능성 토레 다비

건축적 フ

이제 우리가 해야 할 일은 무엇인가?[1]

인생에서 확실한 것은 오직 죽음과 세금, 두 가지뿐이라는 말이 있다. 21세기의 첫발을
내딛는 이 시점에서 확실한 것은 우리의 삶이 매우 빠르고 예상할 수 없는 변화의
한가운데 있다는 점이다.
  세계의 거대 도시들은 끊임없이 극적으로 변하는 거대한 유동체와 같다.
낡은 건물들은 무너져 내리고, 새로운 건물들이 끊임없이 솟아오른다. 경기는 쉬지
않고 오르막 내리막을 거듭한다. 사회 정치적 질서는 변화무쌍하고, 정치 지도자들은
변덕스럽다. 사람들은 일자리, 주거지, 미래를 보장받기 위해 지방에서 그리고 외국에서
끊임없이 밀려들어 온다. 이런 상황에서 도시의 그 많은 건물들은 어떻게 되는 것일까?
건물을 설계하고 건설하는 사람이나, 그 과정에 비용을 투자하는 사람이라면 누구도
처음부터 건물이 덧없이 사라지거나 변해 버릴 것을 예상하지는 않을 것이다. 그러나
이제 그것은 막연한 예상이 아니라 우리가 건물을 설계하거나 지을 때부터 반드시
염두에 두어야 할 문제가 되었다.
  이렇게 끊임없이 불안정한 환경에서, 건축가들은 이제 〈건물을 지을 때, 그

---

[1] 레프 톨스토이의 논픽션 작품의 제목(「What Then Must
We Do?」)으로, 이 작품에서 톨스토이는 19세기 러시아의 사회,
경제, 정치적 상황에서 가장 시급히 해결해야 할 과제에 대해서
서술했다.

적용 가능한

과정

건물의 변함없는 영속성을 염두에 두라〉[2]라고 말한 러스킨과 같은 생각에서 과감히 벗어나서 탄력성, 적응성 그리고 변형 가능성이라는 새로운 목표를 지향해야 한다. 탄력성이란 건물이나 어떤 체계가 거두절미하고 아무런 저항 없이 변화를 흡수한다는 것을 의미한다. 적응성이란 시간에 따라 건축의 구성 요소와 그것들이 어느 정도의 탄력성을 갖는가에 관한 것이다. 그리고 변형 가능성은 지속적인 생존을 가능하게 하는 힘이다.

토레 다비드의 물리적인 구조는 애초에 상업적인 목적으로 건설되었기 때문에 거주자들의 여러 가지 요구와 서로 상충하는 점은 어쩌면 당연한 일이다. 그리고 토레 다비드의 극단적인 수직적 구조는 어느 정도 인구 밀도를 수반하게 되므로, 효율성 측면에서나 사회적 응집력을 강화해 준다는 면에서는 가치가 있지만, 동시에 거주자들의 공간 이동성을 제한한다는 문제점도 갖고 있다. 영국 건축가이자 도시 설계학자인 피터 랜드[Peter Land]는 다음과 같이 언급했다.

〈지층에서 동떨어진 고층 아파트에 저소득층 가구가 거주함으로써 나타나는 부정적인 결과는 이미 잘 알려져 있다. 또한 인구 밀도가 높아서 얻게 되는 이익이나 장점은 비용, 유지 관리, 접근성, 사생활 보장, 인간적인 척도 그리고 불가능한 평면 확장 등과 관련된 문제점이 대두되는 순간 그 가치가 최소화된다.〉[3]

---

2   존 러스킨John Ruskin의 『건축의 일곱 등불The Seven Lamps of Architecture』의 5장 「기억의 등불」에 나오는 말.
3   2012년 5월 24일 피터 랜드Peter Land가 다니엘 슈바르츠 Daniel Schwartz와의 인터뷰에서 한 말이다. 이 결과는 25년 전 뉴저지의 뉴어크에서 집세지불 거부 운동, 공공 기물 파손 행위 그리고 형편없는 유지 관리 때문에 스쿠더 주택가가

철거되면서 명백해졌다. 2010년에는, 경찰조차 손을 들 만큼 공공연한 마약과 매춘 행위로 악명 높던 더글러스 해리슨 주택가가 철거되었다. 같은 해, 시카고에서는 폭력단들 간의 싸움이 일어나 3개월에 11명의 거주민이 사망하였고, 그 결과 68년 역사의 카브리니 그린 공영 주택 단지가 철거됐다. 카밀로 호세 베르가라Camilo José Vergara의 『미국의 새로운 게토The New American Ghetto』(1995)를 참고.

토레 다비드의 거주자들은 평면의 확장이나 변경에 대한 피터 랜드의 분석이 틀릴 수도 있다는 것을 입증해 냈다. 건물의 구조적 한계를 무릅쓰고 그들은 놀라운 수준의 사회적 교류, 잘 훈련된 지도 체제, 민주적 절차 그리고 종교적인 유대감을 길러 내는 데 성공했다. 보안이 취약한 거주 환경에도 불구하고 공동체의 필요에 따라 적합하게 바꾸고 더 나은 생활 수준에 도달하기 위해 환경을 개선함으로써 끊임없이 그들의 공간을 수정해 나가고 있다. 그러한 충동은 역사를 통틀어 공간을 개선하려는 모든 인간에게 타고난 본성이다. 하지만 이제까지 이만큼 독보적이며 건축적 상상력을 자극하는 정도의 사례는 찾아볼 수 없었다.

토레 다비드는 하나의 실험실로서 혹은 실험의 대상으로서, 우리로 하여금 공간의 보안성, 기능성, 사회적 활력을 향상시킬 수 있는 새로운 기술적 사후 개보수 방안, 혹은 구조적 해결책을 고안하도록 도전 의식을 북돋워 준다.

앞으로의 목표

우리의 미래 건축에 대한 관점은 지속 가능성이라는 개념이 모든 것이 세워지고 성장할 수 있는 실용적이면서도 윤리적인 단 하나의 기초라는 전제에서 출발한다. 물론 기존의 지속 가능형 건축의 개념은 토레 다비드의 상황에 바로 적용할 수 있는 개념이 아니다. 기존의 빌딩을 사후(혹은 점유 후) 개보수하거나 적응·재사용하려고 할 때 또는 심지어 완전히 새로운 구조를 설계할 때도 우리는 에너지 소비를 줄이고 이산화탄소의 배출량을 줄이거나, 아니면 에너지의 원천을 건물 자체에서 자급자족하는 방식 등에 중점을 둔다. 즉, 어떤 방식이든 환경을 해치는 정도를 줄이거나 거주자의 건강이나 웰빙에 도움이 되는 디자인을 하려고 한다는 뜻이다. 이는 물론 토레 다비드의 지속 가능성을 연구하는 데 있어서 가장 필수적인 요소이다. 하지만 현재는 건물 자체나 건물을 사용함으로써 환경에 미치는 영향이 미약한 편이기 때문에, 에너지 소비를 줄이는 문제는 아직은 절박한 목표가 아니다.

우리가 이 프로젝트를 진행하면서 시도한 사후 개입안들이나 이 장에서 제시된 접근 가능한 방법들은, 이미 과부하가 걸린 전력망(앞서 언급한 바와 같이, 전력량 대부분을 구리 댐의 수력 발전에 의존하고 있는)의 과도한 사용을 줄인다거나, 재생 가능한 자원을 사용하고 재생 불가능한 자원의 사용을 줄이는 문제 그리고 특히 토레 다비드라는 배경에서 〈지속 가능형〉이라는 개념과 불가분의 관계인 사회 경제적 문제들을 고려하면서 토레 다비드 거주자들의 생활 수준을 한층 높이려는 목표를 갖는다. 또한 우리가 고려한 어떤 건축적 개입도 거주자들의 즉각적이고 자발적인 참여가 필요하고, 또 그런 참여를 유도해야 한다는 의미에서 반드시 유기적인 것이어야 했다. 따라서 지속 가능형 건축이 갖는 의미는, 어떤 배경에서든 단순히 건축적, 공학적인 디자인이나 기술에 관한 문제만이 아니라, 그것의 실제 작용과 반응에 관한 문제이기도 하다.

우리는 또한 건물의 물리적 외관도 고려의 대상에 두었다. 우선 거주자들도 외관의 중요성에 대해서 스스로 인식하고 있고, 또한 건물의 겉모습이 개선되면 토레 다비드에 대한 외부인의 인식이나 선입견을 재고하게 함으로써, 그 공동체가 도시의 사회, 경제적인 구조 안으로 동화되는 데 도움이 되기 때문이다.

토레 다비드의 현 상황

토레 다비드의 거주자들은 본능적으로든 아니면 제한된 자원 때문이든, 자원 및 에너지 사용에 매우 인색하다. 사실 어느 정도는 선택권이 거의 없기 때문이기도 하다. 건기나 에너지 요구량이 많은 시기에는 카라카스 전력의 3분의 2를 생산하는 구리 댐 수력 발전 시설의 전력 용량을 초과하게 된다. 따라서 전체 소비량에 부합하는 전력을 모두 공급하기는 어려운 실정이고 깨끗한 물의 공급량에도 한계가 있다. 게다가 앞 장에서 언급한 바와 같이 토레 다비드는 일주일에 한두 번만 가동되는 제한된 양수와 급수 시스템에 의존하고 있다. 전력 공급 기반 시설 역시 문제가 있다. 해당 지역의 전력망은 과부하되기 십상이고 전력 소비가 최고조에 달하는 시간에는 전력 공급이 중단된다.[4]

현재는 그래도 한 가구당 물 소비량이 한 달에 약 3.6세제곱미터 정도로, 지역 전체 가구 평균 소비량의 약 3분의 1, 유럽 전체 가구 평균 소비량의 4분의 1 정도 밖에 안 되는 수준이다.[5] 전력 소비량도 지역 평균 소비량과 비교해 보면 마찬가지인데 토레 다비드에서 한 가구당 한 달에 소비하는 전력량이 155킬로와트아워 밖에 되지 않는다. 전력 소비량이 상대적으로 낮은 이유는 물론 누구나 예상할 수 있듯이 토레 다비드의 거주자들은 다른 고소득 가정에 비하면 가전제품을 상대적으로 적게 갖고 있기 때문이기도 하지만 무엇보다도 건물 자체에 냉난방 및 환기 장치가 거의 없기 때문이기도 하다. 음식을 조리하거나 가정에서 필요한 물을 데울 때도 거주자들은 거의 프로판 가스나 부탄가스를 사용한다. 이것은 토레 다비드에서 배출되는 가스의 60%를

4   베네수엘라 전력 공사, 〈전문가들이 전력 중단에 대해 토론하다Profesionales debaten interrupciones eléctricas〉, 『코르포엘렉 인포르마Corpoelec Informa』 1권(2011년 8월 5일자), www.corpoelec.gob.ve/corpoelecinforma
5   베네수엘라 에너지 석유부, www.mppee.gob.ve ODYSSEE, www.odyssee-indicators.org 유럽 통계청Eurostat, www.ec.europa.edu/eurostat

차지하고 이것은 전체 지역 평균 배출량의 반 정도에 해당하는 양이다.

대부분의 도시 지역에서와 마찬가지로 물과 전력 소비량은 하루 동안 시간에 따른 변동이 심하다. 물 소비량은 하루 두 번 최대치를 기록하는데(아침 6시부터 8시까지 그리고 저녁 6시부터 8시까지), 이 두 번의 최대 소비 시간에서 소비되는 양이 총 물 소비량의 41%를 차지한다. 전력 역시 하루에 두 번 정도 최대 소비량을 보이는데 그 지속 시간은 물 소비량에 비해 조금 더 긴 편이다. 오전 9시부터 정오까지 그리고 저녁 6시부터 9시까지이다. 이는 총 전력 소비량의 38%를 차지한다.

이러한 분석 결과는 우리에게 몇 가지 목표 의식을 심어 준다. 즉, 에너지 소비량의 변동이 심해서 전력 공급에 차질이 생긴다는 것은, 하나 혹은 둘 이상의 재생 가능 에너지 사용을 고려해야 할 필요성을 암시한다. 토레 다비드의 경우에는 태양열이나 풍력 발전을 이용한 에너지가 고려될 수 있다. 또한 이런 자원은 그 공급이 간헐적이기 때문에 그 문제점을 보완하기 위해 전력을 비축하는 수단 및 방법도 필요하다. 그리고 자원의 소비량을 줄일 수 있는 가능한 방법도 모두 연구해야 한다. 이와 더불어 전력과 물의 공급 및 수요를 위한 모든 시스템과 절차 역시 분권화시키고 투명하게 관리함으로써, 사용자들 스스로도 자원의 사용에 신중을 기하고 지속적인 유지 관리에 자발적으로 기여하도록 유도하는 것도 중요하다.

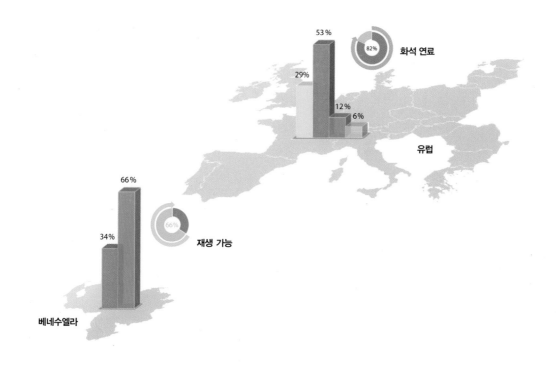

53 %

82%

화석 연료

29%

12%

6%

유럽

66 %

66%

재생 가능

34%

베네수엘라

■ 화석 연료
■ 원자력
■ 수력
■ 재생 가능 에너지

출처: RECIPIES www.recipies.gov.co, Eurostat www.ec.europa.eu/eurostat

전력 생산 자원의 유럽과 베네수엘라 비교

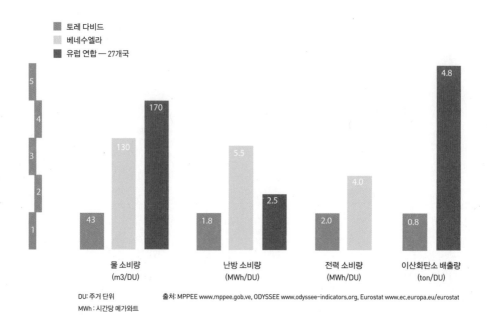

- 토레 다비드
- 베네수엘라
- 유럽 연합 — 27개국

| 물 소비량 (m3/DU) | 난방 소비량 (MWh/DU) | 전력 소비량 (MWh/DU) | 이산화탄소 배출량 (ton/DU) |

43 / 130 / 170

1.8 / 5.5 / 2.5

2.0 / 4.0

0.8 / 4.8

DU: 주거 단위
MWh : 시간당 메가와트

출처: MPPEE www.mppee.gob.ve, ODYSSEE www.odyssee-indicators.org, Eurostat www.ec.europa.eu/eurostat

유럽과 베네수엘라, 토레 다비드의 연간 자원 소비량 비교

시간 별 소비량 추이

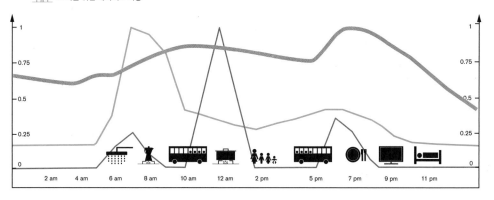

에너지 최대 소비 시간을 비롯한 자원 소비량의 시간에 따른 추이

개선 사항에 대한 선행적 평가

우리가 언급한 바와 같이, 총 전력 소비량의 3분의 2는 수력 발전소에서 생산, 공급되는 현재의 전력망 시스템으로 충당된다. 하지만 최대 전력 소비 시간에는 공급량 부족 사태가 빈번히 발생한다. 이런 문제점과 관련하여 토레 다비드의 위치와 그 건물의 형태 및 체적을 고려해 보면 적어도 두 가지 정도의 재생 가능한 에너지를 얻을 희망이 보인다.

그중에서도 태양열의 이용은 적도에 가까운 카라카스의 지리적 위치상 매우 당연한 선택으로 생각된다. 하지만 태양열도 건축물의 구조, 기술, 위치상 실제 적용에 한계가 있다. 카라카스의 날씨는 대체로 흐리고 구름이 많다. 그리고 토레 다비드 복합 단지의 건물 형태는 태양열을 이용하기에 충분한 수평적 평면을 제공하지 않는다.

반면에 토레 다비드는 그 높이가 거의 170미터에 이르기 때문에, 수직으로 뻗은 대부분의 표면은 인접한 어떤 건축물에 의해서도 가려져 있지 않아서 풍력 에너지를 포획하는 데 매우 적합하다. 특히 북쪽과 동쪽에 면한 건물의 입면은 탁월풍에 노출되는 시간이 전체의 70%에 이른다. 게다가 태양열 에너지와는 달리 풍력은 아주 간단하고도 저렴한 비용의 기술로 에너지 축적이 가능하기 때문에 사용자들이 바로 사용하기 용이하고 유지 관리에 상대적으로 적은 노력이 든다는 장점이 있다.

가능성

에너지 공급량 추이

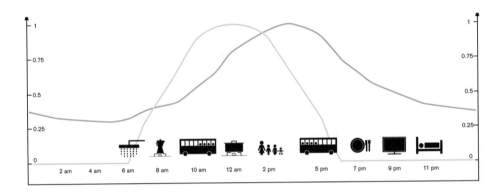

태양열 복사량과 탁월풍 빈도량 추이

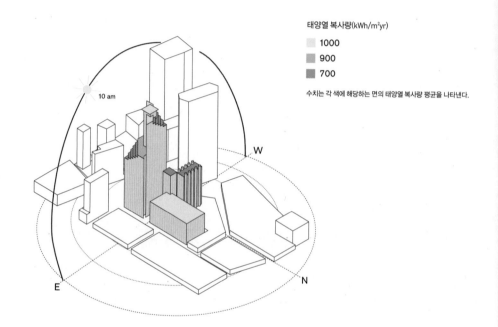

태양열 복사량(kWh/m²yr)

1000

900

700

수치는 각 색에 해당하는 면의 태양열 복사량 평균을 나타낸다.

10 am

W

E

N

수평으로 놓인 면의 태양열 복사량

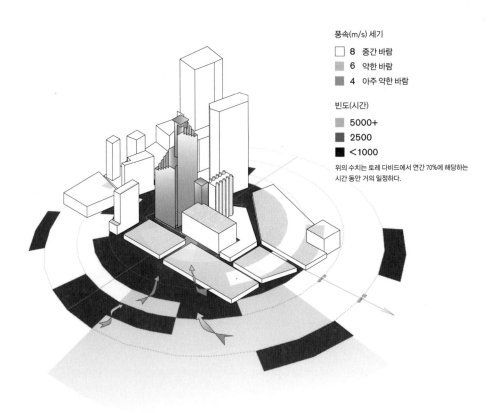

풍속(m/s) 세기

☐ 8 중간 바람
▨ 6 약한 바람
■ 4 아주 약한 바람

빈도(시간)

▨ 5000+
■ 2500
■ <1000

위의 수치는 토레 다비드에서 연간 70%에 해당하는
시간 동안 거의 일정하다.

탁월풍

다양한 해결 방안

자연을 활용하는 방법

지금까지 언급한 토레 다비드의 전기 생산과 사용에 대한 새로운 접근 방식은 크게 두 가지로 나눌 수 있다. 윈드 터빈과 혁신적인 피코급 수력[6] 비축 시설을 함께 적용하는 것이다. 이 두 가지 기술을 상호 보완적인 방식으로 적용하면 토레 다비드에서 비용과 설비의 복잡성을 최소화하면서 전력을 생산하고 비축할 수 있을 것이다.

간단하게 말하면 낮 동안 토레 다비드 동쪽 입면의 상단 부분에 여러 개의 윈드 터빈을 설치하여 전력을 생산하는 원리이다. 터빈의 구조는 지름 25센티미터인 작은 톱니바퀴 모양의 수평축형 윈드 프로펠러가 8개씩 수평축을 따라 일렬로 맞물린 형태이다. 이 설비를 건물의 입면에 설치하면 건물 내부로의 공기 순환은 약 30% 정도 감소되어 큰 영향을 주지 않고, 내부 공간을 사용하는 거주민들의 안전에도 위협을 주지 않으며, 발생하는 소음도 현재 집에서 사용하고 있는 가전제품이나 도로 교통에서 발생하는 소음 수준에서 아주 약간 더 발생하는 정도이다. 이 터빈을 사용하여 전력 소비량은 적고 풍력 에너지는 많이 발생하는 시간에 전력을 얻을 수 있는데, 주로 물을 복합 단지 내의 K동 안의 다른 층에 있는 저장소로 양수할 때 사용된다. 양수되어 저장된 물은 궁극적으로 분배 및 소비를 위한 것이지만, 저장된 물의 위치 에너지를 사용하는 양수식 피코 수력 발전 시스템을 가동하여 전력을 생산할 때도 매우 중요하다. 전력 요구량이 최대인 시간에 비축된 물을 방출하면, 물이 낙하할 때 그 낙차를 이용하여

6 발전 설비 용량의 출력 규모에 따른 분류 중에서
5킬로와트 이하의 수력을 말한다 — 옮긴이주.

저층에 설치된 여러 개의 피코 수력 터빈을 가동하고, 그 결과로 전기가 생성된다.

이와 같이 대규모 인구의 요구에 부응하기 위하여 수직적인 형태로 복합적 기술을 설치 및 시행한 선례는 없었다. 이 시스템은 토레 다비드 총 전력 소비량의 거의 24%에 달하는 전력을 생산할 수 있지만, 효율적인 사용을 유도하고 유지하기 위한 지속적인 실험과 관찰이 필요할 것이다. 전산화된 제어 시스템을 구축하고, 도입 초기에 관찰 및 훈련을 위한 전문가를 투입하면, 거주자들이 차후 전력 소비량의 상승에 맞추어 또는 시간이 지남에 따라 스스로 그 시스템을 운용하고 개선할 수 있게 될 것이라고 믿어 의심치 않는다.

우리는 일관성 있게 적절한 전력이 공급될 수 있는 확실한 시스템을 고안한 것과 동시에 전력 소비량 자체를 줄이는 방법과 가능성에 대해서도 알아보았다. 물론 이것은 장기적인 의미에서 반드시 이루어 내야 할 목표이긴 하지만 이 문제가 우선되면 지속 가능성이란 개념에 어느 정도 반하는 경향이 있기 때문에, 그 방법이 현재의 토레 다비드에 적용될 가능성은 아직은 크지 않을 것으로 보인다.

전기 사용은 난방과는 별개의 문제이다. 베네수엘라는 천연가스 및 부탄가스의 매장량이 방대하기 때문에 정부는 재정적 지원과 보조금 지원을 해주는 등 매우 적극적으로 이 가스의 사용을 장려하고 있다. 최근 전자제품을 이용할 때 거주자들이 에너지 효율 등급이 높은 제품을 사용하려는 추세이기는 하지만 전력 소비가 많은 조명 기기가 아직도 전력 소비량의 20%를 차지하고 있다. 현재의 백열전구를 에너지 효율이 높은 전구로 대체하면 그 전력 요구량을 10% 감소시킬 수 있다.

아무리 실현 가능성이 높은 효율적인 개선 방법이 있다고 해도 그것이 현재의 요구에만 국한된 방법이어서는 안 되고, 장기적인 필요에도 부합하는 충분히 융통성

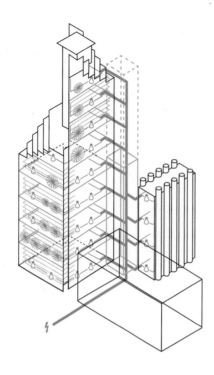

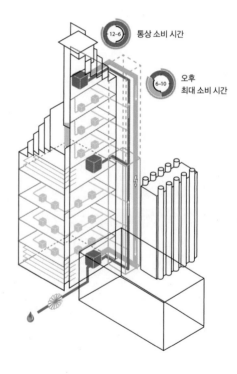

통상 소비 시간

12-6

오후
최대 소비 시간

6-10

위: 전력 발전 시설 구상도   아래: 물 공급량과 에너지 비축 구상도

있고 적응성 있는 방법이어야 한다. 만일 거주자들이 지금 그 자리에 계속 거주하는
데 성공한다면, 그들은 기필코 생활 수준을 향상해 나가려는 노력을 계속할 것이기
때문이다. 따라서 현재 식기세척기를 갖고 있지 않은 거주자가 앞으로도 절대 사용하지
않으리라고 가정하는 것은 어리석은 생각이다. 또한 전력 공급이 안정되면 사용량도
당연히 증가할 것이다. 그리고 상하 이동을 할 수 있는 이동 수단이 설치되면 여기에도
많은 전력이 사용될 것이다. 토레 다비드에는 변하지 않고 고정된 것은 아무것도 없다.

이동 수단의 균형적 조정 방안

실제로 토레 다비드의 거주자들은 쉬지 않고 끊임없이 움직인다. 하지만 그들의 수직적
이동은 아무래도 기계적인 이동 수단이 없기 때문에 매우 제한되어 있다. 계단을
오르내리는 것은 젊고 건강한 사람에게도 번거롭고 귀찮은 일이 아닐 수 없다. 게다가
어린아이들에게는 위험하고 노약자들에게는 거의 불가능하기까지 하다. 더더군다나
수많은 계단을 오르내리면서 재료를 운반해야 하기 때문에 거주 공간을 쾌적하게 만들고
개조할 수 있는 능력이 제한될 수밖에 없다.

수직 이동의 기본적인 해결책인 엘리베이터는 이곳에서는 실행 불가능하다.
시설 투자 비용 때문만이 아니라, 건물을 어떻게 개조하느냐 있어서 우리가 정해
놓은 중요한 두 가지 목적에 맞지 않기 때문이기도 하다. 엘리베이터는 엄청난 전력을
소모한다. 따라서 현장에서 생성되는 전력에 의지해야 한다는 주어진 목표에 부합하지
않을 수도 있다. 그리고 기계 설비가 너무 복잡해서 거주자들이 스스로 설치, 운행,
유지하도록 만들려고 하는 목적에도 맞지 않아 보인다.

토레 다비드를 기존의 일반적인 초고층 건물로 보는 대신, 수직적으로 형성된

하나의 도시로 본다면 상하로 이동하는 수단은 도로를 다니는 버스와 아주 유사한 의미의 교통수단이 된다. 따라서 지속적으로 운행하는 대신에, 일반 버스처럼 필요할 때마다 운행 시간에 맞춰 운행하게 하는 것이다. 현재 건물 K동을 수직 확장하여 그 K동을 상하 운행하면 그것이 곧 〈운행 노선〉이 될 것이다. 그래서 현재 물과 전기의 공급을 담당하고 있는 K동을 토레 다비드 기반 시설의 중추로 만들어서 전형적인 복합 단지의 본관 또는 중심부과 같은 역할을 하게 할 예정이다.

　　　이 시스템은 사람, 물건, 건설 재료와 쓰레기(이 경우는 주로 하강에만 해당하지만) 등을 총망라한 것들이 유입(상승) 및 유출(하강)될 때 그 운반량에 균형을 맞추면서 운행하게 된다. 기존의 엘리베이터도 이 균형을 잡아 주는 평형추 원리를 사용하긴 하지만 엘리베이터와 평형추 사이에 무게 차이가 빈번히 발생할 때마다 균형을 맞추는 데 대부분 전력에 의존하는 것과는 달리, 토레 다비드의 수직 이동 버스 시스템은 평형추가 아니라 올라가는 버스와 내려가는 버스의 균형에 의존하기 때문에 추가로 필요한 에너지가 거의 없다.

　　　이 버스 시스템은 효율적인 조정, 원활한 의사소통 및 작업 그룹이 꼭 필요한데, 토레 다비드의 거주자들은 이미 그 작업 그룹을 만들어 놓았다. 이 시스템의 운행 시간표는 통행량이 가장 많은 시간대와(사실상 아침과 저녁의 〈혼잡한 시간〉을 말함) 주로 상품이나 재료의 이동이 많은 아침 시간의 특성, 쓰레기 처리 또는 운동 및 다른 활동을 위한 이동이 많은 저녁 시간의 특성을 함께 고려하여 조정해야 한다. 최다 통행량 이외의 시간에는 균형 기능이 적절하게 이루어지지 않을 때 배터리에 충전된 전기를 이용하여 운행할 수도 있고, 엘리베이터가 하강할 때 또는 풍력 발전 시설을 이용해 전기를 생성할 수 있다.

일반 도로에서 운행되는 버스 시스템을 모방한 수직 이동 버스는 모든 층에서 서지 않고 일반 버스가 정거장에 정차하듯이 5층 마다 서게 된다. 고층 건물에서는 5층 간격의 운행이 최소한의 접근성을 충족시키는 거리이기 때문이다.[7] 5층 간격으로 정차할 때 그 정차하는 층은 아래로 세 층, 위로 두 층을 담당하게 되는데 그 두세 층 사이의 이동은 계단을 이용한다. 그렇게 함으로써 세대 간의 응집력과 온정을 기르는 데 도움이 되는 사회적 상호 작용이 유지될 수 있다.

7 　테리 패터슨Terry Patterson, 『삽화로 나타낸 2009년 건축 법규 편람Illustrated 2009 Building Code Handbook』 (2009).

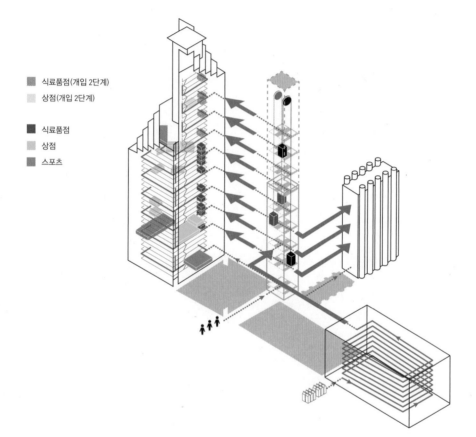

식료품점(개입 2단계)

상점(개입 2단계)

식료품점

상점

스포츠

기반 시설과 수직 이동의 중심부(K동) 구상도

현재 소비량(요구량)

— — 전기(kWh)
　　　= 기저 부하량(基底負荷量)

기대 소비량

- - - 기저 부하량 -10%
▬▬▬ 기저 부하량 -34% 및 최대치 절감

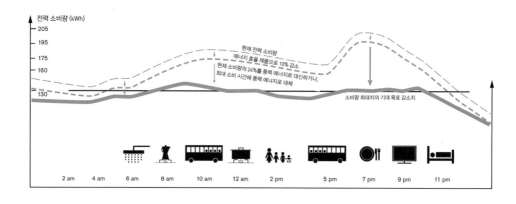

전력 소비량 (kWh)

- 205
- 195
- 175
- 160

130

현재 전력 소비량
에너지 효율 제품으로 10% 감소
현재 소비량의 24%를 풍력 에너지로 대신하거나,
최대 소비 시간에 풍력 에너지로 대체

소비량 최대치의 기대 목표 감소치

2 am　4 am　6 am　8 am　10 am　12 am　2 pm　5 pm　7 pm　9 pm　11 pm

소비량 감소 및 최대치 절감 목표 그래프

시도 가능한 건축적 개입 방안

토레 다비드의 입면에 풍력 발전 설비를 설치함으로써 건물의 심미적인 부분을 향상시킬 기회를 얻을 수도 있다. 윈드 터빈을 잡아 주는 외부 가새 구조는 터빈 사이사이의 공간에 다양한 질감의 패널로 커튼 월과 같은 비내력 벽면 구조를 지지하기 위한 목적으로 사용할 수도 있고, 그래서 건물의 입면을 대충 막아 놓은 조악한 부분을 제거하고 조화롭게 개선할 수 있다. 새로운 입면 처리는 방어막이 없이 외부로 개방된 외벽 때문에 생기는 안전 및 보안 문제에도 도움이 된다. 그리고 각양각색의 입구와 경비실의 위치를 조화롭게 배치함으로써 건물의 미관을 살려 외부 지역 주민들과 이웃과 같은 우호적인 관계를 맺을 수도 있을 것이다. 게다가 K동을 사람과 여러 시스템 간의 수직 이동 및 순환을 위한 토레 다비드 복합 단지의 중심부로 확장하는 과정에서 안을 들여다볼 수 있게 투명도를 더하면, 시각적으로 경쾌함을 주고 관심을 불러일으킴과 동시에 외부인들이 거주민과 그들의 행동을 엿보게 되면서 자신들과 다를 바 없다는 어떤 보편적이고 정상적인 이미지를 갖게 할 수도 있을 것이다.

이와 같은 사후 건축적 개입은 토레 다비드의 거주자들이 지속적으로 〈노동 제공형 가옥 소유 제도〉[8]에 기여할 수 있도록 순차적이고 점진적인 과정을 통해 반드시 이행될 것이다.

제1단계는 우선 건물의 동쪽 입면에 풍력 발전 설비를 설치하는 것과 피코급 수력 발전 설비를 설치하는 것인데, 이 두 가지는 모두 도입 즉시 이익을 창출할 것이다.

---

8   황폐한 건물에 입주자의 노동력을 부가시켜 일정 기간
저렴한 비용으로 임대 거주한 후에 최종적으로 소유권을 주는
정책(네이버 영어사전 참조) — 옮긴이주.

2단계는 건물 K동을 확장하는 것인데, 풍력 발전 설비를 확장하고 토레 다비드의 고층 부분까지 거주 가능한 공간으로 만드는 과정이 속한다.

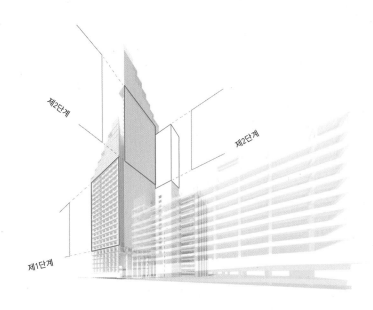

제2단계

제2단계

제1단계

위: 개입 이행 단계

아래: 동쪽과 북쪽 입면에 대한 설비 개입 구상도

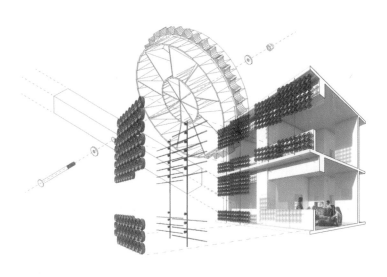

위: 본관 타워 입면에 대한 설비 개입 구상   아래: 풍력 발전 설비 입면 상세 구상도

결론과 교훈

많은, 어쩌면 대부분의 건축가, 도시 계획가 그리고 토지 계획가들처럼 우리 역시 현재
직면한 가장 긴급한 문제점 중에서 지속 가능성에 대해 특별한 관심을 쏟아 왔다. 하지만
토레 다비드가 지속 가능형 디자인과 그 실행을 위한 다양한 접근을 현실 세계에서
테스트하는 하나의 실험실로 가치 있는 만큼, 베네수엘라가 가까운 장래에 지속 가능형
건축을 향한 의미 있는 발걸음을 내디딜 가능성 또한 거의 없다는 것도 확실하다.
베네수엘라 정부는 보조금을 기름이나 천연 가스의 가격을 낮추거나 다른 재생 자원과
비교하여 상대적으로 가격을 낮추는 데 주로 사용한다. 더군다나 카라카스는 전력
공급을 위해서 대체 에너지 혹은 재생 가능한 에너지로써 수력 발전에서 전력 대부분을
끌어온다. 하지만 다른 나라에서는 매우 적극적으로 다양한 경로를 통해 지속 가능형
에너지 또는 탄소 중립 에너지를 얻는 방법을 모색하고 있다. 따라서 그들에게 토레
다비드란, 실제로 또는 비유적인 의미에서의 무주택자들과 거대 도시에서 활동하고 있는
건축 관련 전문가들이 다양한 목적을 성취하는 데 도움이 되는 여러 가지 적용 가능한
방법과 수단을 제공해 줄 수 있는 존재이다.

　　　우리가 토레 다비드에서 한 경험은 지속 가능성이라는 의미의 범위를 어떤
건축적 개입이든 최종 사용자가 그들 자신의 계획과 노력을 통해서 지속적으로 운용
및 관리를 유지할 수 있게 해야 한다는 의미까지로 확대해야 할 중요성도 시사한다.
물론 토레 다비드는 매우 응집력이 강하고 상대적으로 동질적인 특성을 가진 주민들로

구성되어 있어서 다른 불법 거주 지역과 구별되는 것은 사실이다. 비록 지금은 법 영역 권한 밖의 무단 점유 상태이지만, 거주자들이 장래에 실질적인 거주권을 확보할 수 있고 또 확보할 것이라는 확신은 거주 적합성이나 생존 능력을 지속시키기 위해 필수적인 요소라고 여겨진다. 이와 정반대의 사례는 북미 주택 계획을 볼 수 있는데, 처음에는 공공기관에 의해 재정적으로 지원을 받아 설계 및 건설되고 혹은 원칙적으로나마 지속적으로 유지 관리하려는 최상의 의도로 시작되었다 하더라도, 결국 쉽게 방치되고 그 기능성이 급속도로 저하되는 경우도 있다.

이것은 토레 다비드나 다른 유사한 거주 형태의 거주자들이 궁극적으로 완전히 그들 스스로 모든 것을 해결해야 한다는 이상적인 얘기를 하는 것이 아니다. 당연히 그들도 다른 사람들, 말하자면 확실한 계획을 가진 사기업 등이 개발한 혁신적인 기술을 통해 이익을 얻을 수 있다. 토레 다비드는 건축가나 기술자들에게 전 세계의 다른 지역에서 진행되는 프로젝트의 해결책이 적합한지 아닌지를 검증해 볼 수 있는 매우 가치 있는 환경을 제공한다. 기존의 엘리베이터에 대한 대체품을 개발하는 데 쉰들러 그룹이 참여했던 것이 바로 그 적절한 사례가 될 수 있다. 그들에게 또는 조명, 환기 시설, 보안, 배관 및 다른 필수적인 시스템과 설비를 개발하고 제조하는 다른 회사들에게 토레 다비드는 혁신적인 솔루션을 검증해 볼 수 있는 환경을 제공한다. 토레 다비드는 빠른 반응과 피드백이 가능한 환경이고, 결점이나 문제점이 발생할 때 현장에서 바로 수정을 할 수 있기 때문에 아주 효율적인 실험 장소가 된다. 따라서 기업에서는 새로 적용한 해결책을 시장에 내놓은 뒤 약점이 드러날 때까지 기다리거나, 리콜 문제에 직면하거나, 최악의 경우 기업의 평판이 나빠지고 금전적인 손해를 보는 위험 부담을 갖기 보다는 미리 검증된 해결책으로 빠른 개발 과정을 거쳐 시장에 내보낼 수 있는 시스템이나 상품을 선택할 수 있다.

우리가 앞서 언급한 바와 같이, 토레 다비드가 끊임없이 변화하고 발전하는 유기적 조직이라는 사실은 지금으로써는 가장 당연한 양상일지도 모른다. 카라카스뿐 아니라 다른 거대 도시에 있는 무계획적으로 생겨난 거주 지역을 답사하면서 알게 된 것은 〈성장하는 건물〉이라는 개념은 이미 여러 지역에 만연한 현상이라는 점이다. 토레 다비드에서 단 하나 정적으로 고정된 것이 있다면 콘크리트로 된 골조뿐이다. 그 외의 모든 것은 유동적이다. 이 영속적인 변화의 속성 덕분에 토레 다비드는 도시 건축의 미래를 조성할 수 있는 하나의 틀로서 매우 유용한 가치를 지닌다.

그라비엘과 프랑켄슈타인 형제는 친구 데이비스와 함께, 버려진
엘리베이터에서 가져온 도르래와 같은 폐품을 사용하여 건물의
28층에 공동체를 위한 체육실을 만들었다. 지금 그 체육관은

토레 다비드의 모든 거주자에게 개방되어 있다.

만일 정부가 우리와 함께 일면서 우리가
이제까지 해놓은 것을 본다면 그리고 우리가
같이 공동 작업을 하게 된다면 정말 특별한
일이 될 거예요. 정말 특별한 변화를 가져올
수 있을지도 모릅니다. 그리고 전 세계에
우리 같은 보잘것없는 사람들이 모인
공동체가 이런 대작을 만들 수 있다는 것을
증명해 보일 수 있을 겁니다.

—글라디스 플로레스Gladys Flores, 협동조합 〈베네수엘라의 추장〉 총무

상승하는 모든 것들은 반드시 한곳에서 만나게 된다[1]

토레 다비드에 대해 사람들이 갖게 되는 반응을 쉽게 두 가지로 상상해 볼 수 있는데, 사실 그 두 가지 모두는 적절하지도 않고 별 도움도 되지 않는 반응이다. 그중 하나는 건축 분야의 기득권층에서 온 것인데, 이 사람들은 엔리케 고메스의 디자인이 망쳐진 것에 대해 충격을 받거나 이런 곳이 사람들이 살고 있는 환경이라는 점에 충격을 받고 즉시 가난한 사람들을 위해 보다 좋은 환경의 주택이 될 수 있는 고층 건물을 새로 설계하고 싶어 한다. 이러한 반응은 이 토레 다비드의 무단 점유 현상에 대한 해결책을 건축과 도시 계획 분야에서 다뤄 왔던 전통적 방식에서 찾을 수 있다는 확신에서 비롯된 것이다. 또 다른 하나의 반응은 건축 분야의 반기득권층의 반응으로, 이들은 기득권층의 생각이 시대에 뒤떨어졌다고 생각하고 그동안 교육받아 온 모든 것을 거부하는 입장을 취하지만, 이들 역시 가난한 사람들을 위해 〈더 좋은〉 주택을 만들고 싶어 한다는 점에서는 같다.

　　　　두 그룹의 입장은 맞기도 하고 틀리기도 하다. 두 가지 반응 모두 빈곤층의 생활과 삶의 질을 개선하기 위해 건축적 방식을 이용하려는 희망을 갖고 있다는 점에서

---

[1]　피에르 테야르 드샤르댕Pierre Teilhard de Chardin, 『인류 단일화의 세상과 그 심리적 환경의 구축Building the Earth and the Psychological Conditions of Human Unification』(1969) 예수회 출신이자 철학자인 샤르댕의 문장을 전부 옮겨 보면, 〈너 자신에게 충실해라. 하지만 항상 위로 올라가기 위해 애쓰거나, 더 훌륭한 의식과 더 멋진 사랑을 갈구하라! 정상에 올라서면, 세상의 모든 방향으로부터 온, 너와 같이 상승을 이룬 사람들과 하나가 된 너 자신을 발견할 것이다. 왜냐하면 상승하는 모든 것들은 반드시 한곳에서 만나게 된다.〉

용 가능한 토레 다비드의
의 도전 과제

전통적이면서도 동시에 〈진보적〉이기도 하다. 사실 그들의 반응은 이상적인 것에서 온 것이지 실용적인 것은 아니다. 문제는 이 반응들은 도시란 무엇이고 누가 거기에 살고 그리고 어디로 향하느냐와 같은 20세기적 개념으로부터 왔다는 것이다. 문제를 해결하기 위해서는 상반되는 두 가지 방식 중 어느 하나를 골라잡는 식이어서는 안 된다. 21세기에 필요한 것은 그 두 가지 모두이다.

　　　　토레 다비드를 너무 낭만적으로 생각해도 안 되고 그렇다고 비난해서도 안 된다. 또한 토레 다비드가 우리에게 매우 가치 있는 교훈을 제공하고는 있지만, 아직 구체적으로 적용 가능한 객관적 실례가 아님을 간과해서는 안 된다.

이것을 무엇이라고 불러야 할까?

토레 다비드를 조사하면서 공간에 관한 다양한 철학적 개념 중에서 여기에 알맞은 예를 끊임없이 찾아보려고 하는 우리 자신을 발견하곤 했다. 비록 토레 다비드와 관련된 프로젝트가 그런 철학적인 개념에 따른 절대적인 유형화에 맞지 않는다고 해도 철학적 개념과 접목시켜 보려는 시도를 하면서 거쳐야 했던 분석적인 과정은 우리의 생각을 정화시키는 데 꽤 유용하게 작용했다.

처음에는 푸코가 내세운 헤테로토피아Heterotopia의 전형적인 패러다임에 토레 다비드가 잘 들어맞는 것처럼 보였다. 푸코는 헤테로토피아를 〈모든 공간들과 관계를 갖고 있는 공간, 모든 공간들과 서로 지명하고, 투영하고, 반사하는 관계를 가지며 또한 그 모든 관계를 의심하고, 중화시키거나 도치시키는 방식으로 지속해 가는 흥미로운 특성을 가진 공간〉이라고 규정했다.[2] 이러한 공간들은 눈으로 보는 것보다 주변의 다른 공간들과 더 많은 관계와 의미의 켜가 겹겹이 쌓여 있다. 헤테로토피아는 〈다름〉이 인정되는 공간일 뿐 아니라, 독재주의나 억압적 정권으로부터 도망칠 수 있는 수단이 될 수도 있는 공간이다.

이것은 꽤 흥미로운 관점이다. 토레 다비드는 말 그대로 집이 없는 수백 가정의 임시 거처임과 동시에, 비유적으로 볼 때 대안적 주택의 구상 광고라고도 볼 수 있다. 토레 다비드의 대표단은 대안적인 사회 및 정치 모델이 동시에 공존할 수 있는 공간을 구성해 놓았다. 토레 다비드 측은 차베스 정부가 갖는 부동산 자산에 대한 애매모호한

---

2   미셸 푸코Michel Foucault, 『다른 공간들에 대하여Des espaces autres』, 1967년에 쓰였으나 1984년 10월 『AMC』(No. 5, 46~49면)에 나오기까지 출간되지 않았다.

태도에 반대하는 입장이다. 정부는 헌법에 있어서나 대중에게 연설할 때는 온갖 미사여구를 동원하여 소유에 대한 권리를 강조하는 듯 보이지만, 실제 행정을 이행하는 데 있어서는 전용轉用 행위를 고무하기까지 한다. 토레 다비드는 법 영역 권한 밖에서 무단 점유를 하고 있으면서 동시에 법적인 거주 권리를 추구함으로써 이러한 정부의 태도에 대항한다. 푸코가 사회에 〈상상의 보고寶庫〉를 제공할 수 있는 공간으로서 헤테로피아의 의미를 소중히 여겼던 것처럼, 우리 역시 토레 다비드가 가진 공간적 함축성과 잠재성에 매료되었다.

하지만 우리는 헤테로토피아가 도시 공간을 정적인 것으로만 이해하는 데 치중하고 있음을 깨달았다. 이 관점에서는 사회를 융통성이 없는 것, 더 나아가서 이원적인 개념으로 간주한다. 푸코 스스로도 자신의 이론이 분석 도구로는 한계가 있다는 점을 깨달았고, 따라서 이론을 발표한 후 얼마 지나지 않아 바로 폐기하였다.

이외에도 토레 다비드를 이해하는 데 도움이 되면서 토레 다비드 자체가 더욱 확실하게 그 의미를 깨우쳐 준 개념들이 있다. 에드워드 소자Edward Soja는 제3공간이란 〈인간 생활의 공간성을 변화시키기 위해서 행동하거나 이해하는 또 하나의 다른 방식이며, 공간성, 역사성, 사회성에 의해 재균형화된 공간의 새로운 범위와 의미에 더욱 적절한, 결정적인 공간적 인지의 특별한 방법〉이라고 했다.[3] 소자는 제3공간에도 이원성의 개념이 지속된다고 인정한 반면, 그 이원성에는 극단적인 상반성 역시 존재한다고 하였다. 그의 말을 인용하면 다음과 같다. 〈모든 것은 함께 나타난다……. 주관성과 객관성, 추상성과 구체성, 현실과 상상, 알 만한 것과 상상조차 못할 것들, 똑같은 것의 반복과 점차 달라지는 것, 구조와 행위의 주체, 정신과 신체, 의식과 무의식, 학문적인 것과 초학문적인 것, 하루하루의 삶과 영원히 끊이지 않는 역사처럼.〉[4]

---

3 에드워드 소자Edward Soja, 『제3공간Thirdspace』 (1996), 57면.

4 앞의 문헌.

소자는 푸코의 영향을 받았지만, 앙리 르페브르Henri Lefebvre의 삼중 변증법(공간, 역사, 사회)에 관해서도 언급했다. 앙리 르페브르는 공간이란 인간의 공간적 체험과 공간적 지각에 영향을 주고, 인간의 생각, 특히 공간과 행동의 관계에 대한 사고에 영향을 미쳐 온 사회적 구성물이자, 복합적인 사회적 산물이라고 주장했다. 〈삶을 바꿔라! 사회를 바꿔라! 이러한 생각들은 그에 맞는 적절한 공간을 생산해 내지 못하면 그 의미를 완전히 상실한다.〉[5] 이와 같은 공간에 대한 책임감은 〈도시 생활에 대한 변형되고 개조된 접근 방식〉을 필요로 하는 〈도시에 대한 권리〉라는 르페브르의 개념에 의해 영향을 받은 것이다.[6]

두 가지를 함께 고려해 보면 이러한 개념들은 토레 다비드가 무엇인지 또 그것이 무엇을 하는지 두 가지 모두를 적절하게 묘사해 준다. 하지만 우리는 이 개념들에 더그 사운더스Doug Saunders가 그의 책 『도착 도시』에서 정의하고 이름을 붙이고 그리고 묘사한 유형 분류 체계인 〈도착 도시〉라는 개념을 추가하고자 한다.[7] 그는 불법 거주자들의 거주지라는 선입견의 개념이 포함된 용어(바리오, 파벨라, 슬럼, 쉔티타운 등)를 방대한 에너지와 낙천주의를 내포하고 있는 도착 도시라는 것으로 대체하여, 그러한 불법 거주지들을 해체하거나 〈도시 개선〉이라는 명목으로 다른 것들로 대체하기 보다는 교통 시설, 보안, 상하수도 관리 및 교육 환경을 제공함으로써 오히려 양성해야 한다고 주장하였다.

도착 도시란, 사실상 농촌도 아니고 도시도 아닌, 이 두 가지를 교배한 것과 같은 제3의 공간이다. 사운더스의 이민자 거주 집단과 관련된 분류 체계는 우리의 연구와 프로젝트를 고려해 볼 때 다음 네 가지 사항과 연관이 있다. 가까운 지역과 먼 거리의 사람들을 연결하는, 운용 가능한 네트워크로 작용해야 한다. 새로 들어오는 사람들을

5   앙리 르페브르Henri Lefebvre, 『공간의 산물The Production of Space』(1992), 59면.
6   앙리 르페브르, 『도시에 관한 글쓰기Writings on Cities』 (1996), 158면.
7   더그 사운더스Doug Saunders, 『도착 도시: 사상 최대 규모의 이주 현상이 어떻게 우리의 세계를 바꾸는가Arrival City: How the Largest Migration in History is Reshaping Our World』(2011).

수용할 수 있는 주택과 일자리를 포함하는 원활한 접근로를 제공해야 한다. 자본을 절약하고, 투자를 가능하게 하고 보다 상위 레벨의 교육 환경에 접근할 수 있고 지역 정치에 직접적인 참여가 가능하도록 기회를 제공해야 한다. 마지막으로 도착 도시는 하층 계급이 도시의 핵심적인 구성원으로 성장하고 그 입지를 지속시킬 수 있는, 사회 계층적 이동이 가능한 통로를 포함하고 있어야 한다. 우리는 토레가 가장 대표적으로 나타내는 건축학적 유형 중에서도 성장하는 주택(그로잉 하우스)[8]과 관련된 부분이 특히 이러한 도착 도시의 개념에 가장 잘 들어맞는다고 생각한다. 이것은 생산적인 도시의 성장을 생성하고 육성할 수 있는 물리적이고 사회적인 디자인 메커니즘이다.

소자와 사운더스의 공간 개념의 장점 중 하나는 기존의 유토피아, 즉 〈그 안에서는 모든 것은 잘될 것이고, 모든 것은 잘될 것이고, 모든 종류의 일이 다 잘될 것이다〉라는 식의 비현실적으로 이상화된 〈언덕 위의 도시〉[9]와 같은 개념이 암시적으로 배제되어 있다는 점이다. 그보다는 그들은 대안적인 유토피아를 제안하는데, 그것은 슬라보이 지제크[Slavoj Žižek]가 묘사한 다음과 같은 현실성에 기초를 둔다.

〈우리는 유토피아를 재발견해야 한다. 하지만 어떤 의미에서 재발견해야 할까? 유토피아를 묘사하는 데 틀린 두 가지 정의가 있다. 그중 하나는 유토피아라고 하면 무조건 우리는 결코 실현할 수 없을 정도의 이상적인 사회를 상상하는 케케묵은 개념이다. 다른 하나는 조금 왜곡된 희망을 갖는 자본주의적 유토피아로, 그 이상을 실현하는 것이 허용될 뿐 아니라 심지어 실현하도록 강요되기까지 하는 개념의 유토피아다. 진정한 유토피아는 더 이상 해결에 관한 논쟁의 여지조차 없을 때, 말하자면 가능한 범위 안에서는 그것을 해결할 방법이 없을 때, 따라서 단순히 살아남기 위한 절박한 충동에 의해서 전혀 새로운 공간을 창조할 때 존재하게 된다. 유토피아는 그냥

---

8   어반 싱크 탱크는 우리가 〈성장하는 주택Growing House〉이라고 일컫는 점진적 개발 개념이 도입된 주거용 건물의 프로토타입 디자인을 개발하고 구축했다. 이 형태의 주택은 만일 거주민들이 수직형 증축을 선택할 경우 심지어 8개의 층까지 증축이 허용되는, 지속적인 수정과 적응적 재사용을 위한 기반을 제공한다.

9   노르위치의 줄리안Julian of Norwich, 14세기 한평생 은자의 삶을 살았던 가톨릭 신비주의자이다. T.S. 엘리엇T.S. Eliot이 이에 대해서 「리틀 기딩Little Gidding」에서 간접적으로 언급하기도 하였다.

자유롭게 상상한다고 되는 것이 아니라 당신으로 하여금 이것이 빠져나갈 수 있는 단 하나의 방법이라고 상상하게 할 만큼 강제적인 것, 가장 내밀한 긴급함과 관련된 문제이며, 이것이 오늘날 우리에게 필요한 유토피아이다.〉[10]

　　우리의 관점에서는, 유토피아란 구체적인 시간과 공간에 국한된 어떤 장소가 아니다. 이것은 사고와 존재의 방법론이자 방식이다. 유토피아니즘은 그런 의미에서 무결점 제조의 개념과 공통된 성질을 갖고 있다. 즉, 성취될 수는 없지만 마치 누군가가 그것이 가능하다는 듯이 행동한다면 적어도 그 성취에 가까이 다가가려는 노력은 할 수 있다는 점에서 말이다.[11]

　　따라서 우리는 토레 다비드를 하나의 도착 도시이자, 유토피아적인 잠재력을 시험하고 탐구하기 위한 실험실로 보고 있다.

10　슬라보이 지제크Slavoj Žižek, 「지젝!Žižek!」, 아스트라 테일러Astra Taylor 감독 영화(2006), DVD.
11　어떤 의미에서는 그리스도와 같은 삶을 사는 것이 세속적인 파라다이스를 창조하는 데 더 가까워지게 한다는 의미에서 〈그리스도를 본받는 삶imitatio Christi〉의 원리와 유사한 점이 있다.

위: 페타레의 바리오, 무계획적 거주지
사진: 어반 싱크 탱크 / 에릭장 아우버커크
아래: 23 드 에네로 지역, 무계획적인 거주지들이 모더니스트 주택
프로젝트 주변 지역의 비어 있는 토지를 점유하고 있다.
사진: 어반 싱크 탱크 / 자비느 비터와 헬무트 베버

오른쪽: 토레 다비드, 수직형 무허가 공동체
사진: 어반 싱크 탱크 / 다니엘 슈바르츠

대도시로의 개입 과정

불법 무단 거주지는 라틴 아메리카에서는 새로운 현상도, 독특한 현상도 아니다. 세계의 거의 모든 거대 도시 즉 카라카스, 멕시코시티, 뭄바이, 라고스, 요하네스버그, 자카르타, 아부자 그리고 베이징 등은 그들만이 갖고 있는 도시 형태가 있다. 그 도시들은 문화적인 환경, 미래에 대한 기대, 도시의 형태나 건축물의 재료에 영향을 주는 지리적인 조건, 수자원과 같은 기본 자원이 풍부한지 부족한지에 관한 것은 물론 가난, 기아, 자연재해, 전쟁 중 어떤 것이 사람들을 농촌 지역에서 도심으로 가게 만드는 요소인지 역시 다 다르다. 그들이 공통적으로 공유하는 점은, 인구는 모든 가능한 종류의 동기로 인해 계속 증가할 것이고 또한 그 증가는 기하급수적으로 지속될 것이라는 점뿐이다.

오늘날 적어도 십 억 이상의 사람들이, 어쩌면 그 두 배도 넘는 사람들이 전 세계 거대 도시의 주변부에 위치한 슬럼가에 산다. 물론 그 주변부라는 의미에는 실제적으로나 비유적인 의미에서 토레 다비드와 같은 관심에서 벗어난 고층 건물도 포함 되고 경제적, 사회적, 정치적인 의미에서 비주류라는 의미도 포함된다.

이제까지는 어떤 대규모의 개혁이나 개입도, 글로벌 사우스[12]에서 행해졌던 개발(결과적으로는 도시 전체에 불균형을 초래했지만)의 수준을 넘어선, 보다 더 실용 가능하고 광범위하게 적용 가능하며, 공정한 도시 모델은 없었다. 규모가 크고, 급속한 변화를 수반하는 접근 방식들은 (예를 들어 슬럼을 파괴하고 인구를 재배치하고, 주요 공공사업을 위한 자금을 투입하는 식의) 일반적으로 실패하게 되는데 그 이유는 도시와

12 아프리카, 라틴 아메리카, 아시아 지역의 개발 국가들을 일컬음 — 옮긴이주.

같은 복잡한 시스템은 그런 엄청난 많은 변화를 한 번에 수용하기 어렵기 때문이다. 그들은 또한 숲이 먼저냐 나무가 먼저냐 하는 관점의 전환에서부터 실패했다. 그들이 참여시킨 정부와 도시 계획가, 디자이너들은 아주 높은 곳에서 내려다 본, 도시 전체의 〈큰 그림〉인 숲을 보는 데 치중하느라 정작 필요한 나무 하나하나를 보지 못한다. 그 나무들이란 곧, 이 거대한 무계획적인 세계를 점유하고 있는 개인들과, 그들이 자신들을 위해서 고안해 낸 집들을 말한다. 그런 나무들을 간과했다는 것을 보여 주는 일례로 보통 이러한 거대 도시의 지도에는 무단 점유자들의 공동 거주 지역이 표시되어 있지 않은 것을 들 수 있다.

　　이런 도시 개선 프로젝트에는 또 다른 장애물들이 있다. 카라카스와 같은 도시들은 이미 다 건설되어 있는 상태이고, 심지어는 너무 과도하게 개발된 상태이기도 하다. 녹지 지역 프로젝트를 할 만한 지역은 남아 있지도 않고 원대한 계획에 필요한 자금도 없다. 우리는 이미 존재하는 것을 없애는 것보다, 434~435면에 있는 그림과 같이 오래된 것에 뿌리를 내리고 발생하며 오래된 것과 공존할 수 있는 진정한 〈새로운〉 도시를 상상한다. 본질적으로 통합적인 이러한 도시의 미래상은 연결을 만들고 구분을 없애고 도시의 근본적인 변형을 가져온다. 이것은 기억에 대한 고전적인 원리 중의 하나와 맥락을 같이 한다. 그 원리에 의하면 우리는 기억을 억지로 잊어 버릴 수는 없지만, 그 기억에 새로운 배경과 의미를 부여하면 적어도 변형하는 것은 가능하다.

　　북미의 여러 공공 주택 개발 사업과 같이 실패로 돌아간 도시 개선 프로젝트에 대해서는 이미 언급한 바 있다. 인구의 약 60%가 〈무계획적인〉 도시에 살고 있는 카라카스에서, 우리는 보다 더 포괄적인 의미의 동기와 결과를 가진 프로젝트들을 연구했다. 카라카스 동쪽 언덕 지역에, 고작 1제곱킬로미터 안에 1백만 명이 넘게 살고 있는, 생겨난 지 60년이 넘은 페타레의 바리오와 같은 곳을 보자. 1970년대의 오일 붐과 함께 카라카스와 주변의 위성 도시를 연결하는 6차선 고속도로를 건설하는 계획이 착수되었다. 여러 가지 논란과 협상, 결의안을 거쳐 언덕의 소유권이 지방 자치 단체로 이전되는 결과를 낳았고, 언덕에 있는 토지의 소유자들은 용도 지역 조례로 14층짜리 거주 건물 건설이 허용된 평지를 보상으로 받았다.

바리오의 거주자들과 이 민간 거주 타워의 거주자들을 갈라놓은 것은 고속도로만이 아니다. 민간 거주 타워의 거주자들은 베네수엘라와 세계 은행 기금으로부터 바리오의 환경 개선을 위해 지정된 예산의 혜택을 하나도 받지 못했다. 또한 바리오의 거주자들은 그들의 처한 법적인 상황이나 기반 시설 문제에 대한 해결책을 보지 못했다. 우리가 페타레를 연구하면서 고속도로 양쪽 모두의 주거 상태를 살펴본 결과, 대부분의 기반 시설이 결핍되어 있거나 형편없는 상태로 유지되어 있었고, 보안 상태도 취약하고, 마약 관련 범죄가 성행하고, 공공 공간과 휴식 공간도 없었다. 그리고 양쪽 모두 상대편에 대해 경계하는 마음을 갖고 있었고, 모두가 모두를 비난하는 분위기였다.

페타레
모든 사진: 어반 싱크 탱크 / 앙드레 시프리아노

가능성

카라카스에서도 가장 인구 밀도가 높은 라베가La Vega 바리오 역시 공적 자금과
관심이 방향을 잘못 잡은 데 따른, 일종의 〈비의도적 결과의 법칙〉에 의한 비슷한 고통을
겪고 있다. 이로 인해 바리오의 한 구역인 산미겔San Miguel 재건 프로젝트의 중요한 부분이
다 완성되지 않은 채로 남았을 뿐 아니라, 부분적으로는 폐허 상태로까지 해체되었다.
지금은 새로운 도로와 48개 단위의 재정착 주택 일부만 건설된 상태이다.

지난 수년간 라틴 아메리카와 전 세계에 있는 바리오를 답사하고, 여러 학문
분야의 동료들의 조언을 듣고 공동 작업하고, 〈무계획적인 도시〉를 조사하면서 우리는
보다 새로우면서도 조금 다른 접근 방식을 취하였다. 그 접근 방식은 도시 재생과 도시
계획에 대한 기존의 원칙을 고수하자는 입장도 아니고 즉흥적으로 자가 건설한 환경을
어떤 로맨틱한 이상理想으로 여기는 입장도 아니다. 우리는 단순히 적대적 교착 상태를
만들어 내기만 하는 다른 모든 것들을 배제하는 과정에서, 이러한 〈이원성〉의 개념도
포기했다. 대신 우리는 주로 작은 규모의 프로젝트를 도모하고, 공동체 안에서 공동체의
대표들과 함께 일하고, 어떤 무계획적인 도시에도 적용 가능한 일반적인 원리에 더
다가갈 수 있도록 특정 해결책들을 시도하고 테스트하는 초소규모 전략을 의도적으로

라 베가

도입하였다. 우리의 접근 방식은 바리오 거주자들의 방식과 마찬가지로, 하의
상달식(버텀업 방식)이다. 기존의 기반 시설을 재사용, 적응, 변경하고 기존에 없던 것을
새로 장착하고 채워 나가는 것이다. 궁극적으로 우리가 하려는 것은 문제점을 재빨리
고칠 수 있도록 해주는, 상호 호환이 가능한 도구 세트와 같은 것을 개발하는 것이다.
말하자면 성장해 나가는 무형식적인 도시에서 생존 가능하고 적용 가능한 해결책이
긴급하게 필요할 때 사용 가능한, 응급 생존 도구과 같은 것을 말이다.

　　　　토레 다비드는 우리가 했던 프로젝트들과는 달리 주로 도시 변두리에 존재하는
무계획적인 도시, 언덕 지역의 바리오와 같은 곳으로부터 도시의 심장부로 우리를
데려다 준 첫 번째 프로젝트이면서 우리가 개입 작업을 테스트해 보았던 가장 최근의
프로젝트이다. 기존의 도시 경관에 이행되는 이러한 중소 규모의 개입 작업은 주로
순환, 위생, 주택 그리고 유흥 시설과 같은 특정 문제들을 해결하기 위한 의도를 갖고
있으며, 일반적인 도시 병폐를 해결하는 데 있어서 어느 정도 융통성 있고 효과가 빠른
해결책이다. 2005년에는 예를 들면, 인구가 밀집된 〈라 크루스 델 에스테La Cruz Del Este〉라는
바리오에 있는 약 1천 제곱미터 정도의 부지에 수직형의 체육관을 짓기 시작했다. 그
프로젝트에는 농구장, 경주장, 옥외 축구 경기장 등이 포함되어 있다. 이 프로젝트는
추후 이곳과 혼잡한 정도가 비슷한 바리오 지역에 유사한 편의 시설을 도입하기 위한
일종의 프로토타입으로 의도한 것인데, 한 달에 평균 약 1만 5천 명이 방문하고 있다. 라
베가에서는 환경부의 지원을 받아서 하수 시설의 결핍을 메우기 위해서 건식 콤포스트
토일렛[13]을 설치하기 시작했다.[14] 페타레에서는 고가 고속도로 아래와 같은 숨은 공간을
이용하여 30여 명의 집 없는 아이들을 위한 숙소와 놀이터 그리고 목공소를 만들었다.

　　　　후에 우리는 경사가 심한 바리오에서는 비실용적이고, 기존 주택들을

13　composting toilet. 배설물을 퇴비로 하는 장치를 한 변소.
자동적으로 톱밥을 섞어서 발효시켜 퇴비로 한다 — 옮긴이주.
14　이 프로젝트에서 건축가인 마레티자 포트르츠Marjetica
Potrč와 리얏 에사코브Liyat Esakov가 라 베가La Vega
공동체와 공동으로 작업했다.

훼손할 가능성이 있는 지면 도로보다 적합한 교통 수단의 대안으로, 기존 도시 경관의 훼손을 최소한으로 하는 케이블 카의 도입을 계획했다. 우리는 도펠마이어 가라벤타 그룹Doppelmayr/Garaventa Group과 공동체의 거주민들과 함께 일한 결과 카라카스 메트로 카블레를 디자인하고 완성했다. 이것은 약 2.1킬로미터를 운행하는 케이블 카 시스템으로, 그 시발역과 종착역에 내리면 바리오와 기존의 계획 도시를 연결해 주는 다른 대중교통 수단과 가깝게 연결되도록 설계되었다. 나머지 세 개의 역은 언덕의 산마루를 따라 위치해 있다. 그중 하나의 역이 프로젝트 때문에 철거된 거주지를 대체하는 약 40개 단위의 주택으로 연결된다. 각 역사는 기본적인 역의 기능 외에 체육 시설과 오락 시설을 포함하고 있기도 하다. 2010년에 개통된 이 케이블 카 시스템은 각 방향으로 시간당 1천2백 명의 사람들을 운송한다.

우리는 콜롬비아 대학교 건축 계획 보존 대학원의 지속 가능한 거주 도시 모델 실험실S.L.U.M과 취리히 연방 공과대학교의 건축과 학생들 그리고 상파울루의 주택 행정부SEHAB와의 공동 작업에서, 무계획적인 도시에 의미 있는 개입 작업을 실행하기 위해서 앞서 언급했던 응급 생존 도구, 혹은 도구 상자의 도입을 지속적으로 추구했다. 음료로 적합한 물이 부족할 경우 개인별 빗물 채취 방법과, 저장을 위해서는 공용 물 탱크 도입을 제안하였다. 조잡하고 위험한 건설 재료와 방법들은 공장에서 생산된 도구 세트로 대체할 수 있도록 하는데, 이때 그 도구 세트의 구성은 바리오 거주자들에게 익숙하고 사용하기 편한 조합의 구성이 되도록 하고, 동시에 소규모 개발에 적합하고 건물의 품질을 극적으로 향상시키는 데 적합하도록 구성한다. 현재 상파울루에서는 어반 싱크 탱크의 도시 개선 프로젝트이자 도시 기반 시설의 중추라고 할 수 있는 〈음악을 통한 사회 개혁 운동 본부Centro de Acçao Social por Música〉[15]가 실현 과정에 있다.

---

15 이 프로젝트는 2011년 홀심 어워드에서 지속 가능형 건설
부문 금상(라틴 아메리카)을 수상했고, 2012년에는 실버(전
세계) 홀심 어워드에서 은상을 수상했다.

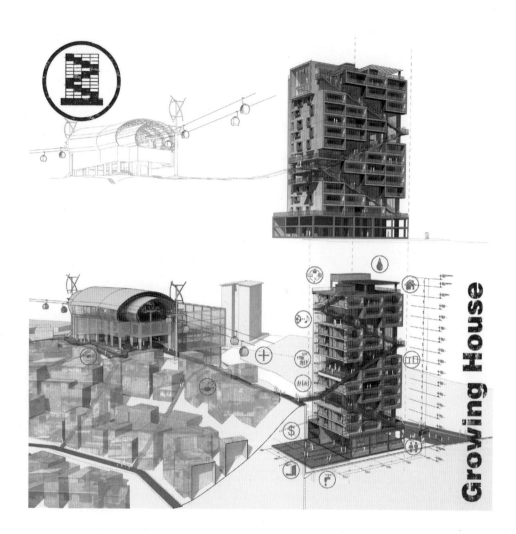

어반 싱크 탱크의 성장하는 주택 구상도
〈성장하는 주택〉

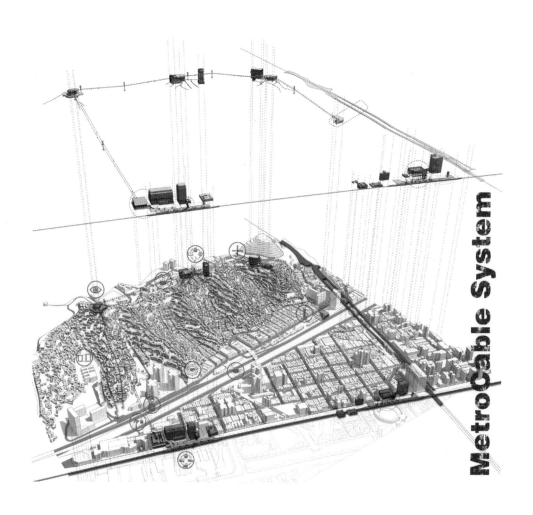

MetroCable System

어반 싱크 탱크의 카라카스 케이블 카(메트로 카블레) 도면
〈케이블 카 시스템〉

하지만 이런 프로젝트들은 우리 어반 싱크 탱크가 미리 정해 놓은 장기적 목표이자 커다란 그림의 작은 일부일 뿐이다. 우리의 관심은 주로 마스터 플랜, 수수료 그리고 〈고객-건축가〉의 구도를 갖는 계획적 도시 개발에서 전 세계의 자본으로부터 소외되고 때로는 토지를 무단으로 점유하고 있는 수백만의 가난한 〈고객〉이 살고 있는 슬럼가와 같은 비형식적인 도시로 전환되었다. 카라카스의 사례에서부터 우리는 그 특별히 그 도시에 딱 맞춘 새로운 구성의 디자인 도구를 추구해 왔다. 하지만 우리는 카라카스와 같은 경우는 예외적인 것이 아니라 어떻게 보면 일반적인 도시의 표준을 나타내는 하나의 징후로서 전 세계 어디에든 존재할 수 있다고 믿기 때문에, 어떤 문제에 있어서든 거의 전 세계적으로 보편적인 적용이 가능한 적응성, 유지 가능성 그리고 삶의 공평함에 대한 기본적인 원리를 기반으로 하는 해결책을 찾는다. 그렇게 함으로써 또한 전 세계 동료들과의 건축적 담론을 통해서 현대 건축적 실무의 초점이 어떤 형식에 얽매이는 데에서 벗어나, 디자인과 사회적 영향력이 결합되는 쪽에 맞추어 지도록 바뀌는 데 도움이 되고 싶다.

위: 상파울루 파라이소폴리스의 파벨라에 있는 어반 싱크 탱크의 〈음악을 통한 사회 개혁 본부〉

아래: 어반 싱크 탱크의 메트로 카블레, 카라카스의 산아구스틴 바리오

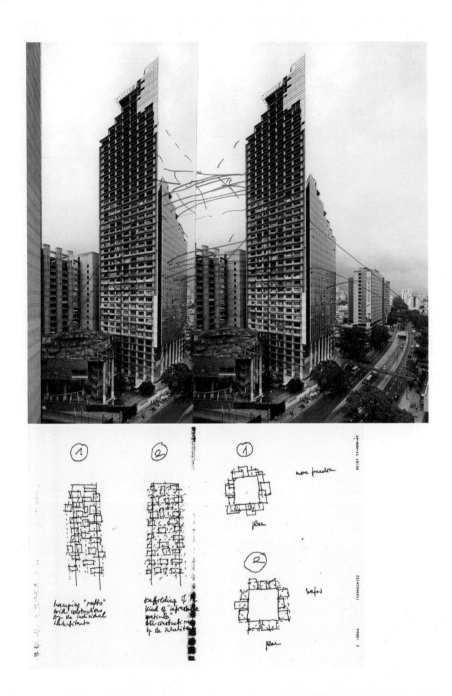

지난 2년간 연구하면서 우리는 요나 프리드만의 개인적인 편지들과
그가 출간한 책들을 통해서 통찰력과 영감을 구하는 동안,
지속적으로 그의 아이디어로 돌아가곤 하는 우리를 발견했다.

2012년 5월, 요나는 토레 다비드에 대해 얘기를 나누기 위해 어반 싱크
탱크를 파리에 있는 그의 집으로 초대했다. 거주자들의 창의성에 대한
이야기를 듣고 감명을 받은 그는, 토레 다비드가 나아갈 수 있는 가능한
미래를 스케치해 보았다. 여기 있는 것이 그의 그림이다.

건축가의 도전 과제

오늘날 도시에서의 가장 큰 문제점 중의 하나는 정책 결정자들이 보다 더 큰 목표를 세우고 그 목표에 적극적으로 기여하는 데 실패했다는 점이다. 실로 목표의 부재란 장래에 대한 선견지명을 갖지 못한다는 점에서나 혹은 주변 상황을 제대로 파악하지 못한다는 점 모두에서 일반적으로 책임을 포기한 상황이나 다름없다. 대도시의 거주자들과 그들이 뽑은 정책 결정자들은 스스로 내려야 할 판단과 결정들을 전문가들이 더 많이 알 거라고 가정한 나머지 그 판단의 책임을 전가해 버린다. 하지만 예상과는 정반대의 결과로 전문 건축가와 계획가들이 스스로 구상하고, 널리 알리고, 설계하고, 실현시킨 프로젝트들이 종종 모두 비참한 실패로 끝나는 것을 우리는 봐왔다. 왜냐하면 그 프로젝트들은 19세기에서 20세기에 유행하던 형식적 모델과 건축적 어휘를 바탕으로 만들어진 것이기 때문이다. 대학이나 〈주요〉 건축가들에게서 비롯된 도시 및 건축적 이론들이나 이데올로기들은 그들이 가장 심도 깊게 집중했어야 할 부분들에서 실패한다. 그것은 균등한 기회, 도시 문화 그리고 시민을 위한 정책과 복지를 위한 장소로써 도시를 보는 것이다. 형식과 스타일 그리고 도시 개발에 대한 토론에서 빠진 부분이 있다면 그것은 가장 직접적인 영향을 받는 사람들에 대한 책임감이다.

비계획적인 도시 개발 과정이 건축가들과는 무관하다는 생각과 달리, 사실 건축가는 그 부분에 꼭 필요한 존재이다. 그리고 그들은 반드시 사회, 경제, 정치적인 배경에서 직업적인 책임 의식이나 역할, 디자인 모두와 관련하여 여러 가지 다양한 사고

방식에 열려 있는 남다른 건축가이어야 한다. 그들은 또한 유토피아적 이상에 대해 이론적인 토론으로가 아니라, 실행 가능한 혁신적인 개입의 생성과 실현에 있어서 다른 학문 분야의 전문가들과 활발히 그리고 지속적인 유대 관계를 맺어야 한다. 우리는 건축가라는 직업이, 특히 전혀 다른 개념의 〈혁신〉이 필요한 직업이라고 믿는데 그 혁신이란, 가장 최근의 디자인이나 유행하는 특정 〈주의〉와는 상관없이, 가장 필요한 목적을 가장 중요하게 생각하는 것을 말한다.

그러한 목표들을 위해서 우리는 건축학적인 교육과 실무에 있어서 그동안 관례적으로 답습해 오던 방식에 도전할 것을 제안하는 바이다.

당신이 안다고 생각하는 모든 것에 의문을 가져라. 당신이 배운 그 모든 것들이 더 이상 현실과 관련이 없어서가 아니라, 그 관련성의 본질 자체가 변했기 때문이다. 당신이 보는 모든 것에 의문을 가져라. 〈이것이 무엇일까?〉라는 의문이 아니라, 〈왜 이것일까?〉 하는 의문을 가져라. 〈무엇〉에 관한 질문은 우리가 이미 가정하고 있는 것을 통해 보도록 노력하게 만들기 때문에 우리를 뒤로 퇴보하게 만들 뿐이다. 〈왜〉라는 질문은 우리가 지금 하는 일들의 필요성, 열망, 충동의 핵심으로 우리를 이끈다. 그리고 사람들에 관한 의문을 가져라. 이미 정해진 계획에 따른 질문이 아니라 아주 개인적인 질문, 그중에서도 특히 그 사람들이 갖고 있는 장소 또는 공간과 관련 있는 질문들을 해야 한다.

부족한 것들에 대한 문제, 특히 자금과 천연 자원의 부족 문제를 고려하라. 그리고 그것을 혁신과 우수성을 유발시키는 데 이용하라. 〈부족한 것이 낫다Less is More〉[16]라는 미스Ludwig Mies van der Rohe의 말은 맞다. 하지만 여기서 의미하는 것은 그가 의미한 방식과는 좀 다르다. 결핍은 점점 더 많은 사람들에게 단순한 현실이 되고 있다.

16 복잡한 요소를 배제할수록 건축의 본질적 의미가 보인다거나 간결성이 보다 좋은 디자인을 가져올 수 있다는 의미이다 ─ 옮긴이주.

〈재활용〉이란 문제를 만일의 경우나 단순히 영리한 디자인적 요소가 아닌, 가장 첫 번째 안으로 선택하라. 유휴지나 충분히 사용되지 않는 토지를 재활용하는 혁신적인 가능성에 대해서 고려하라. 새로운 재료와 방법을 시험해 보라. 대담해져라. 기회를 잡아라.

지역의 방침이나 법이 지속 가능한 전략과 규정을 정해 주기를 기다리지 마라. 지속 가능성을 가장 중요하며 필수적인 디자인 요소로 여기고 실무를 이행하라. 지속 가능성이란 것이 당신의 작업에 의해 영향을 받는 사람들의 삶에 과연 어떤 의미를 갖는지를 폭넓게 생각해 보라.

넓고 크게 생각하고 질문하라. 만일 도시 ─ 하나의 빌딩 또는 집 또는 도로망, 대중 교통 시스템 등 ─ 가 우리가 아는 바와는 달리 존재하지 않는다면, 우리는 과연 그 시점에서 무엇을 발명하려고 하겠는가? 정말 다시 새로 시작하는 것처럼 행동해 보라. 우리에게 가장 필수적인 것들에 점점 가까워지도록 말이다.

디자인의 혁신이 ─ 실로, 건축학적으로 탁월한 우수함이 ─ 학문에서 그리고 무계획적으로 성장한 도시나 농촌 지역에서 실무를 하면서 배우고 알게 된 것들과 상호 배타적인 것이라고 단정하지 마라. 오히려 그 반대로, 둘이 합쳐졌을 때는 각각의 영역이 가진 강점이 다른 영역에 도입되면서 상호 보완적인 관계가 된다. 건축 학교나 건축 사무소들은 함께 실제 세계에 적용할 수 있는 창의적이고 실행 가능하고, 비용 효율이 높은 디자인이나 프로토타입을 생산해 낼 수 있다.

민간 부문에서도 마찬가지다. 연구, 개발, 혁신을 가치 있게 여기는 회사와 손을 잡고, 그들의 생산품을 점검하고 개선할 수 있는 생생한 실험실을 제공하라. 그들에게 당신이 아는 것을 가르쳐 주고, 그들이 아는 것에 대해서 배우라.

공정함과 공평함을 추구한다는 것이 결코 디자인에 대한 상상력을 포기한다는 의미는 아니다. 오히려 그 추구하는 바를 성취하려면 아직은 존재하지 않는 것을 상상할 수 있는 능력을 필요로 한다. 미학과 윤리는, 달리 말해서 아름다운 것과 유용한 것은 상호 배타적인 것이 아니다.

다양성을 희생한다고 통합이 저절로 이루어지는 것은 아니다. 공동의 선_善은 개인의 희생을 필요로 하지 않는다. 필요한 지침, 원칙, 수단 등을 만들어 내라. 공통의 기반 시설을 제공하라. 그리고 이것들을 개인적, 부분별, 지역별 다양성을 가능하게 하는 데 사용되도록 하라.

이원성을 피하라. 다양성을 포용하라. 벽을 세우지 말고 다리를 세우고, 해자를 만들지 말고 통신망을 만들어라. 공통 기반을 찾아내고 그것이 건설의 토대가 되도록 하는 것이 건축가의 책임이다.

모두를 가르쳐라. 모두에게서 배워라. 개발자들과 거주자들에게 건전한 건설 기술, 재활용 방법, 각기 다른 재료들의 특성, 형식과 기능 간의 관계를 전파하여 지식, 전문가, 조언 등을 공유함으로써 그 개입 과정이 공동체 안에서 현실적인 가치, 오래 지속되는 가치를 갖도록 하라.

다른 분야의 사람들과 협력하여 작업하기 위해 학문 간의 경계를 넘어서라. 건축가의 역할은 이질적인 지식들을 통합하여 변화를 위한 의미 있고 유용한 수단으로 바꾸는 것이다.

디자인의 〈순수성〉을 목표로 삼거나 그에 따른 명예를 보상으로 받으려고 하는 건축적 형식주의를 포기하라. 학문과 실무를 행할 때, 도시의 미래를 규정하고 형성한다는 본연의 과제를 다시 도입하라. 스스로 유의미하고 유용한 존재로 남고 싶은 건축가라면 더 이상 자신의 창조물에 관하여 비도덕적인 태도를 취해서는 안 된다.

옛 격언들이 너무나 당연한 사실일 때는 감흥을 주지 않는 진부한 문구가 되어 버린다. 〈생각은 범지구적으로 하고, 가까운 곳에서부터 실천하라〉라는 말을 건축 실무를 할 때 기본적인 신념으로 삼아라. 혁신적인 것, 혹은 최상의 결과물은 많다. 하지만 그것들 역시 특정 장소와 문화에 어우러지도록 다시 재고되고 변경되어야 한다.

어떤 일을 시작하게 만든 동기가 순수하든 비도덕적인 것이든, 탑다운 방식으로 제정되고 부과되는 개혁은 (예를 들면 정부, 국제 기관 그리고 전문가들에 의해서) 완전하게 성공한 예도, 장기간 성공을 유지한 예도 없다. 더 좋게 만들려고 했지만 삶의 현실을 제대로 이해하는 데 실패했거나, 부족하거나 부적절한 유지 관리나 보안 문제 때문에 그 개혁의 기반이 약화되었거나, 아니면 둘 다일 수도 있다. 무계획적인 도시에 이루어지는 개입은 복잡한 민주화 과정 안에서 발생한다. 과연 그 해결책이 실용적이면서도 관련된 사람들의 삶의 환경을 개선하는 능력을 가졌는지 등의 결과를 판단하는 것은 거주자들의 몫이다. 개입에 의한 결과에 직접적으로 영향을 받는 사람들의 조언과 참여 없이는 그들이 살고 있는 실제 환경, 그들의 필요성과 열망 그리고 그들의 관점을 완전히 이해하는 것은 불가능하다. 우리가 『무계획적인 도시: 카라카스의 사례에 비추어』[17]를 출판하려고 준비하고 있을 때 라 베가 공동체의 대표인 프란시스코 페레스가 〈당신이 바리오라고 부르는 그것을 나는 나의 집이라고 한다〉라고 말한 것처럼 말이다.

이제까지 슬럼을 〈다루려는〉 시도는 그것들이 어디에 존재하든, 주로 슬럼이 없는 세상을 만들려는 목적을 가지고 오직 그 근절에만 초점을 맞추어 왔다. 하지만 우리는 슬럼을 도시라는 몸체에 뿌리내린 종양처럼 보기보다는 성공하면 배우고, 실패하면 그 실패를 완화시키는 방법을 찾을 수 있는 활기차고 생기 넘치는, 잠재성을

17   알프레도 브릴렘버그Alfredo Brillembourg, 크리스틴
페이레이스Kristin Feireiss, 후베르트 클룸프너Hubert
Klumpner 편저, 『무계획적 도시: 카라카스의 사례에 비추어
Informal City: Caracas Case』(2005)

가진 실험실로 여긴다. 그들은 엄청난 디자인 혁신과 이례적으로 우수한 건축학적인 성취를 잠재력으로 지니고 있다.

무계획적인 것은 점진적 개발 과정에 의해서 전통적 도시 구조에 대한 새로운 대안과 새로운 구조를 확산, 재생산 그리고 생성한다. 이것은 〈완성〉, 혹은 변경 불가능한 〈최종〉이라는 개념과 대조를 이루는, 도시의 미래를 향해 나아가는 길이다. 그리고 이것은 우리가 토레 다비드에서 발견한 것이다. 따라서 이것은 우리 건축가들이 그동안 교육을 받아 온 목표나 이유 그리고 우리가 일하면서 예상하는 결과 또는 작업에 대한 보상으로 기대했던 것들과는 정반대가 되는 개념이다. 하지만 건축가들과 동료 전문가들은, 모든 인류(사는 지역이나 가진 재력과 관계없이)를 위해 일하고 있으며, 자신들이 하는 일에 영향을 받는 사람들이 원하는 뜻에 따라 일한다는 인식에 항상 깨어 있어야 한다. 우리는 우리가 한 업적이 단순히 벽돌과 모르타르로써 기억되지 않고, 사회에 의미 있는 기여를 하는 능력을 지닌 존재로 기억되도록 노력해야 한다.

이제는 전문가(도시 계획가, 사회 운동가, 기술자 그리고 누구보다도 특별히 건축가들)들이 나서서 가장 기초에서부터 도시 구조의 발달을 도움으로써 다가오는 미래의 현실에 직면하고 정치가들, 정책 입안자들 그리고 공동체 그룹과 생산적으로 상호 교류하며 보다 공평하고, 실현 가능하고, 지속 가능한 도시의 생성에 다 같이 참여할 때이다.

단면 투시도: 토레 다비드의 현재 모습

개선된 설비를 설치했을 경우의 토레 다비드의 모습

기존의 도시에 뿌리를 박고 성장하고 있는 새로운 도시의 이미지를
사진 위에 중첩시켜 나타냈다.

지혜는
즉흥적 기지에서 비롯된다.

— 요나 프리드만Yona Friedman

후기 :
열린 결과를 가진 도시화 과정

크리스티안 슈미트Christian Schmid

에어컨이나 엘리베이터도 없이 최소한의 기반 시설만 있는 45층짜리 고층 건물이 필요에 따른 즉흥적인 변경 작업을 통해 결국 거주 가능한 곳이 되었다. 이것이 현대 도시에서 특정 공간을 도용한 사례들 중에서도 가장 극단적인 경우의 하나라는 것은 의심의 여지가 없다. 언뜻 보기에 이러한 시나리오는 터무니없어 보인다. 하지만 이 책에서 보여 준 바와 같이 이것은 오늘날의 도시 환경에 실재하는 가장 현실적이면서도 인상적인 사례이다. 이 연구 사례가 갖는 이러한 명백한 독특성은 온갖 종류의 가능한 생각들이 투영될 수 있는 스크린의 역할을 한다. 이것은 이제까지는 당연하게 여겨 왔던 많은 것들에 대해 의문을 품게 하고, 치밀하게 계획되고 조직화되었던 기존 도시 개발 개념의 의미를 약화시킨다. 이러한 점에 있어서 토레 다비드는 유례없는 독특한 상황 그 자체뿐 아니라 그 이상의 의미를 가지며, 더 나아가 도시화와 건축 분야의 몇 가지 근본적인 문제점을 제기한다.

고층 건물의 본질

이 사례를 연구하면서 가장 먼저 배운 것 중의 하나는 고층 건물 자체의 본질에 관한 것이다. 즉, 우리는 고층 건물은 단지 커다란 건물만이 아니라는 것을 알게 되었다. 이것은 자기만의 독특한 현실성을 가진 복잡한 사회 기술적인 체계이다. 토레 다비드는 단순히 그 골조만을 놓고 본다면 거의 거주가 불가능한 수준이다. 이러한 사실은 토레 다비드에서 실제로 증명된 바와 같이 전문가인 건축가들에게는 너무 당연하겠지만 건축에 대해서 잘 알지 못하는 대부분의 도시 거주민들 역시 그 사용에 대한 고려조차 하지 않았을 만큼 큰 문제이다. 일례로 어떤 건물에 에어컨 시설이 없는 데다가 그 전면이 유리로 모두 둘러싸여 있다면, 대부분의 사람들에게 그곳은 거주가 불가능한 곳이다. 그래서 신선한 공기와 냉방을 위해서 토레 다비드의 거주민들은 입면의 일부를 뚫어 냈다. 이로써 환기 시스템 문제를 해결했지만 예측이 불가능한 기후 환경에 스스로를 노출시키는 결과를 낳았다. 그리고 이동 수단으로 사용할 엘리베이터는 말할 것도 없이 전기, 수도, 하수 처리 등과 같은 시설이 결핍된 건물은 단지 그 자체의 시공간적인 잠재력만 갖고서는 정상적으로 기능할 수 없다.

실험적 연구

이 건물은 원래 바리오가 아니라 사무실과 상업적 복합 단지를 목표로 계획된 건물이었다. 이것은 예상 밖의 정치 경제적 변동으로 인해 사용 불가능한 상태로 도시 심장부에 버려진, 실패한 건설 프로젝트이다. 그리고 지금은 어느 누구도, 한번도 상상해 본 적이 없는 방식으로 사용되고 있다. 〈초고층 건물〉이라는 단순한 말로써는 더 이상 이 건물을 묘사할 수 없다. 이것을 부르기에 적절한 단어를 찾기 어려운 상태의 것으로 변해 버렸기 때문이다. 우리는 이 연구에서 초고층 건물의 한계와 잠재력에 대해 철저하고 근본적인 방식으로 탐구함과 동시에 해체주의적 방식을 통해 분석했다. 예술적인 프로젝트로써가 아니라 실제 생활과 관련해서 말이다. 이것은 그 결과를 예상할 수 없는, 매우 특별한 유형의 사회적 실험이라고 볼 수 있다.

사회적 존재로서의 삶

〈대체 이곳에서 무슨 일이 벌어지고 있나?〉 하는 문제는 사회학자들이 그들의 연구에서 밝혀지지 않은 사회 현상을 탐구할 때 종종 제기하는 고전적인 질문이다. 토레 다비드 실험 프로젝트를 진행해 나가는 동안, 이 책을 쓴 건축가들은 건축의 가장 기본적인 핵심으로부터 현실을 재고하고 사회학적인 동기를 발견해 나가면서 거의 사회학자와 같은 마인드를 갖게 되었다. 인터뷰와 참여 관찰을 통해서 우리는 사회적 행동과 그 일련의 과정에 대한 정확한 통찰력을 갖게 되었다. 그리고 사회적 삶의 역할 또한 표면화되었다. 우리는 사회적 모델이 어떻게 성장해 나가고, 협조와 공생의 형식이 어떻게 발전해 나가는지 그리고 새로운 규칙이 어떻게 생겨나고 자리 잡게 되는지 발견하게 되었다. 우리는 또한 건축 환경이 갖는 사회적 의미와, 건축적 구조를 기존의 목적과 다른 방식으로 사용할 수 있는 가능성에 대해서도 배우게 되었다.

무단 점유의 이면적 배경

〈이 타워는 무단 점유지이다〉라는 것은 언뜻 단순 명쾌한 문장처럼 들릴지 모른다. 하지만 정확히 무단 점유라는 것이 무엇인가? 이것은 각각 다른 의미를 내포한 다양한 형식들을 취하면서 나타난다. 무단 점유는 때로는 정치 행위의 하나가 될 수도, 도시 공간을 전유하려는 수단이 될 수도, 필요성과 순전한 절박함 때문에 정말 살 곳을 찾으려는 행동의 결과일 수도 있다. 그 문제를 한번이라도 고려해 본 사람이라면, 무단 점유 지역은 역사와 사회적 구조를 수반하며, 무엇보다도 정치적 요소를 포함하고 있음을 알고 있을 것이다. 자발적으로 발생하는 경우는 거의 없다. 이와 유사하게 토레 다비드의 불법 점유자들은 순수하게 자발적인 행동에 의해서 그 건물에 들어온 것이 아니다. 이 책에서는 이와 관련된 긴 뒷이야기를 자세하게 서술해 놓았다.

자율적 조직의 발달

무단 점유자들은 살면서 끊임없이 불거지는 특정 문제에 대한 해결책을 찾아야 한다. 문제가 생겼을 때 단순히 살기 편하고 사용하기에 적합한 지역으로 그냥 옮겨 가는 식으로 해결하는 일은 아주 드물다. 대부분의 경우, 한 장소를 거주 가능하게 만들기 위해서는 엄청난 헌신과, 힘겨운 노동, 창조적인 에너지가 필요하다. 이것 때문에 무단 점유자들은 자신들만의 공동체를 형성하고, 일상생활에서 일어나는 일들을 처리하기 위해서 사회적인 구조와 규칙을 포함한 특정한 형태의 자치적 조직을 발달시킨다. 토레 다비드는 단지 건물의 규모뿐 아니라 그 건물이 처한 특별한 상황 때문에 상당히 높은 수준의 자치 조직을 필요로 한다. 이런 점에서도 이와 유사한 경우는 찾아보기 어렵다.

도시 유연성의 발현

토레 다비드는 건설이 중단되고 그 용도가 변경된 구조물을 무단으로 도용하고 적응·재사용하고 있는 매우 이례적인 경우라고 할 수 있다. 많은 점에서 토레 다비드는 개별적인 건물로 여겨지기 보다는 도시의 한 부분으로 여겨진다. 이것은 수직적인 형태로 주변부에 비해 뚜렷하게 돌출되어 있고, 문젯거리를 조금 더 만들어 내기는 하지만 그래도 도시 구조상 다른 부분들과 기본적으로는 다르지 않은 도시의 일부로 표현될 수 있다. 모든 도시는, 일상생활의 리듬을 결정해 버리고, 게다가 엄청난 노력 없이는 변화시키기 어려운 융통성 없고 비활성적인 구조가 내재된 건축 환경에 기초를 두고 있다. 그럼에도 불구하고 약간의 상상력과 지적 능력만 있으면 이러한 융통성 없는 구조들도 다양하게 사용될 수 있다는 사실을 토레 다비드가 명백히 보여 주고 있다.

무형식성의 독과 약

합법적으로 규정된 구조의 경계나 도시 계획, 도시 디자인 그리고 건축학적 과정에서 확립된 규칙의 범위 밖에서 발생하는 도시화의 과정은 종종 무형식적이거나 무계획적인 것으로 치부된다. 이전까지는 단지 규칙으로부터 일시적인 일탈 혹은 탈선으로 여겨지던 것들이 최근 많은 도시들에서도 생겨나게 되면서 더 이상 예외적인 현상이 아니다. 비형식성은 융통성 또는 애매한 영역의 의미를 내포하기도 하지만 동시에 위험한 상황을 암시한다. 토레 다비드를 예로 들면 사용하기에 너무 위험한 영역들이 아주 많다. 난간 없이 외부로 노출된 계단, 넓은 틈이 많은 통로 바닥들 그리고 그 외의 다른 위험 요소들도 많다. 이러한 점에서 형식성은 어쩌면 거주자들을 보호하는 것과 관련된 중요한 문제일 수도 있다. 다시 말하면 형식이 결핍된 곳에서는 어쩌면 더 많은 자유가 있을 수 있지만 그곳에는 그 자유로 인한 더 큰 불안정성과 위험이 도사리고 있다. 물론, 비형식성에도 여러 가지 다른 종류가 있을 수 있다. 하지만 형식성이라는 것은 어떤 식으로든 규칙, 규범, 일련의 과정과 같은 형식을 수반한다. 이 책의 저자들은 토레 다비드가 질서와 형식성에서 멀어지는 것이 아니라 오히려 대표단의 계층적 구조와 관리 체계를 통해서 그것들에 가깝게 발전하고 있다는 것을 보여 준다.

도시의 상황

간단히 말해서 이 모든 것의 시작은 무계획적인, 예측 불가능한 상황이었다고 볼 수 있다. 다른 여러 사례에서와 같이 예측 불가능성, 결과를 알 수 없는 개발, 우연의 일치나

뜻밖의 상황이 발생할 가능성 등은 도시 생활에 있어서 가장 근본적으로 필요한 요소가 무엇인지 드러나게 하기 마련이다. 따라서 도시에 이러한 열려 있음이 부재되어 있거나 거주자 당사자들의 참여 없이 도시가 개발되고 건설된다면 삶에 필요한 결정적인 요소가 결핍될 수밖에 없다. 이런 점에서 토레 다비드는 미완성의 상태가 가질 수 있는 무한한 가능성과 잠재력을 나타냄과 동시에 우리에게 열려 있는, 융통성 있는 구조를 창조하도록 도전 의식을 심어 준다.

혁신적 과정으로의 도시화

이것은 도시화 자체에 대한 의문으로 우리를 이끈다. 도시화는 우연이나 갑작스런 사건들에 의해 형성되는 만큼 기존의 구조에 의해서도 만들어지는 변함없는 탐험의 과정이다. 도시는 끊임없이 변하는 장소이다. 따라서 도시 개발의 과정 역시 지속적으로 혁신과 창의성을 요구하는 과정이다. 새로운 해결책이 필요한 상황이 발생할 때 그 해결책은 종종 예상과는 전혀 다른 결과, 혹은 예상 밖의 수준을 가진 결과를 낳기도 한다. 따라서 그 끝에는 우연찮은 행운과 성공적인 이야기들이 있는 만큼 실패와 막다른 길이 기다리고 있는 경우도 많다. 바로 이런 도시화의 과정이 도시를 풍부한 다양성을 가진 사회가 번성할 수 있는 실험적 터전이 되도록 만들어 주는 것이다.

관습적 의미의 건축이 갖는 한계성

요즘에는 토레 다비드와 거의 유사하게 독특한 상황에 있는 도시들이 많다. 그런 상황들에 우리는 어떻게 접근해야 할까? 해체하거나 새 건물들로 대체해야 할까? 유기적으로 발달된 사회적 구조를 파괴하면서까지? 아니면 그 비형식적인 구조들을 기존의 시스템과 통합시키고 그 무질서적인 상태를 다스리는 방식으로 개선해 나가고 확장시켜야 할까? 여러 대안을 고려해 볼 때, 과연 도시 전문가들은 오늘날의 도시 개발에 있어서 어떠한 역할을 해야 할지 자문해 봐야 할 필요가 있다. 도시 공간에서 일어나는 무수한 상황들은 건축가들, 도시 계획가들 그리고 개발자들의 역할에 근본적인 의문을 제기한다. 이러한 의문점은 논란을 야기한다. 건축가나 소도시의 계획가는 과연 무엇을 할 수 있고 무엇을 해야 하는가? 전문가들과 학자들은 이러한 과정들에서 어떤 역할을 하는가? 그들은 어떻게 지금과는 다른, 보다 공정한 사회의 생성을 촉진할 수 있을까?

결과와 과정이 열려 있는 개발

토레 다비드의 경우는 이미 우리에게 잘 알려져 있거나 또는 잘 알려져 있지 않은 여러 도시화 과정의 역사에서 서술된 예들 중의 하나이다. 우리는 이것으로부터 무엇을 배울 수 있을까? 이미 우리에게는 미래를 위한 교훈을 제공하는 문헌들이 충분히 있다. 하지만 이것은 또 다른 이야기다. 현실에 실재하지만 지속적으로 진화하는 존재로부터 생겨난, 하지만 열린 결과를 가진 새로운 이야기이다. 우리는 이것으로부터 많은 교훈을 얻을 수 있다. 어쩌면 우리가 이 사례에서 명백한 전략을 이끌어 낼 수는 없다 해도, 적어도 영감을 받을 수는 있을 것이다. 도시는 하나의 진행 중인 작업과도 같다. 따라서 우리는 새로운 대안들과 개발을 위한 예상 밖의 경로나 방법에 항상 마음을 열어 두어야 한다.

부록

참고 문헌

ㄱ

〈가장 안정된 볼리바르의 약화The Weakening of the 'Strong Bolívar'〉
『이코노미스트』, 2010년 1월 14일.
www.economist.com/node/15287355

경제 협력 개발 기구Organisation for Economic Co-operation and Development (OECD)
〈2010년 OECD 국가들의 에너지 균형 정책Energy Balances of OECD Countries 2010〉
국제 에너지 기구(IEA), 2010년.

〈경찰력이 전화를 받고 삼각 측량법에 의한 위치 추적으로 콘피난사스 타워를 기습하다Police force raids Confinanzas tower based on phone calls triangulation〉
「엘 우니베르살」(카라카스), 2012년 4월 9일.
http://goo.gl/EeICXI

고메스, 엔리케Gómez, Enrique
레이, 훌리오Rey, Julio
〈라파엘 마차도와 메티유 퀼리치와 인터뷰하다Interviewed by Rafael Machado and Mathieu Quillici〉
카라카스, 2012년 2월 15일.

곤살레스 사베드라, 카를로스González Saavedra, Carlos
〈염소는 높은 곳에서도 돌진한다: 높이에 대한 자신감El Musmon Vuelve A La Carga: Confianza En Las Alturas〉
「임무에블리Inmuebles」(카라카스), 1992년 9월 30일.

곤살레스, 펠리페González, Felipe
크레스포, 카를로스Crespo, Carlos
〈대법관은 베네수엘라에서는 무단 점유가 더 이상 범죄 행위가 아니라고 주장했다TSJ argumentó que invasiones ya no son delito en Venezuela〉
「엘 티엠포」, 2011년 12월 12일.
http://goo.gl/3zdhoc

국립 기상학 도서 및 문헌 자료 기관National Meteorological Library and Archive
〈자료표 6-포퍼트 풍력 계급Fact Sheet 6 - The Beaufort Scale〉
런던: 기상청, 2010년. 자료 참조일 2012년 4월 17일.
http://goo.gl/cKI1ah

국제 에너지 기관International Energy Agency(IEA)
〈에너지 사용과 효율화 방안에 대한 전세계적 동향Worldwide Trends in Energy Use and Efficiency〉
파리, 2008년.
http://goo.gl/5MO1sH

국제 연합 환경 계획 관리 기구United Nations Environment Programme
〈지속 가능한 건축과 구조: 실상과 수치 자료Sustainable building and construction: facts and figures〉
『산업과 환경Industry and Environment』 26, 2~3호(2003년 4월~9월).
http://goo.gl/Apr9GP

금융 기관 예금 보증 기금(FOGADE)
「목표Objetivo」
베네수엘라의 볼리바르 주 정부.

ㄴ

나임, 무아세스Naím, Moisés
〈악마의 배설물The Devil's Excrement〉
「포린 폴리시Foreign Policy」, 2009년 9월/10월.
http://goo.gl/eERx5F

닐슨, 안데르스Nielsen, Anders
네오가드, 옌스Nøorgaard, Jens
〈고층 건물에서의 물 공급 방법: 옥상 물탱크와 가압 장치Water supply in tall buildings: roof tanks vs. pressurised systems〉
「그런포스Grundfos」, 2010년.
http://goo.gl/TywFUL

ㄹ

라미레즈 미란다, 데이비스Ramírez Miranda, Deivis
〈토레 다비드가 사람이 납치된 건물로 의심을 받다Torre de David sospechosa de secuestro〉
「엘 우니베르살」(카라카스), 2012년 4월 10일.
http://goo.gl/Ud8bPj

랜드, 피터Land, Peter
다니엘 슈바르츠와 인터뷰Interviewed by Daniel Schwartz
2012년 5월 24일.

러스킨, 존Ruskin, John
『건축의 일곱 등불The Seven Lamps of Architecture』(런던: Smith, Elder, and co., 1849).

로드리게즈, 라파엘Rodríguez, Rafael
〈카라카스의 차카오에서 20건의 무단 침입 시도가 발생했다Denuncian 20 intentos invasiones en Chacao〉
「엘 우니베르살」(카라카스), 2011년 1월 22일.
http://goo.gl/I0OlcX
〈삼빌 라 칸델라리아는 이재민의 대피소가 되었다Sambil La Candelaria pasará a ser refugio para damnificados〉
「엘 우니베르살」(카라카스), 2010년 12월 2일.
http://goo.gl/G5x9Wb

롬바르디, 존 V. Lombardi, John V.
〈서론: 베네수엘라의 영원한 딜레마Prologue: Venezuela's Permanent Dilemma〉
『차베스 정권의 베네수엘라의 정치Venezuelan Politics in the Chávez Era』(콜로라도 주 볼더: 린 라이너 퍼블리셔스, 2003), 1~6면.

로메로, 시몬Romero, Simon
〈차베스는 토지를 재분배하겠다는 공약을 지키고 있다Chávez Keeping His Promise to Redistribute Land〉
「뉴욕 타임스」, 2007년 5월 16일.
http://goo.gl/bB53I5
〈입법부는 차베스에게 베네수엘라를 개혁할 보다 광범위한 권력을 부여했다Legislature Grants Chávez Broad New Powers to Shape Venezuela〉
「뉴욕 타임스」, 2007년 2월 1일.
http://goo.gl/FIeOXN

로미유, 이자벨Romleu, Isabelle
바이첸펠트, H. Weitzenfeld, H.
핀켈만, J. Finkelman, J.
〈라틴 아메리카와 캐러비안 지역의 도시 대기 오염Urban Air Pollution in Latin America and the Caribbean〉
『공기와 폐기물 관리 연합 저널Journal of the Air and Waste Management Association』, 41-9호(1991년), 1166~1171면.

로운, 재커리Lown, Zachary
〈베네수엘라에서의 정부 주도의 혁명과 대중 투쟁The Conflict Between State-led Revolution and Popular Militancy in Venezuela〉
venezuelanalysis.com, 2009년 9월 2일.
venezuelanalysis.com/analysis/4763

로터, 래리Rohter, Larry
〈양극화된 베네수엘라의 국민들은 오늘 새 헌장을 위해 투표한다A Divided Venezuela Votes on a New Charter Today〉
「뉴욕 타임스」, 1999년 12월 15일.
http://goo.gl/dgHaxN
〈산사태로 인한 베네수엘라의 이재민들은 몇 개월이 지난 후에도 여전히 도움이 부족한 상태이다Months Later, Mud Victims in Venezuela Still Lack Aid〉
「뉴욕 타임스」, 2000년 4월 16일.
http://goo.gl/fN1OXm
〈베네수엘라의 대통령은 새로운 헌장을 강행했지만 과연 이것은 개혁을 위한 도구인가 아니면 권력을 위한 도구인가?Venezuelan Leader Pushes for New Charter, but Is It Reformist Tool or a Power Grab?〉
「뉴욕 타임스」, 1999년 7월 25일.
http://goo.gl/HKJqcj

로페스 마야, 마르가리타López Maya, Margarita
〈우고 차베스 프리아스: 그의 행보와 대통령 임기Hugo

Chávez Frías: His Movement and His Presidency〉
『차베스 정권의 베네수엘라의 정치Venezuelan Politics in
the Chávez Era』(콜로라도 주 볼더: 린 라이너 퍼블리셔스,
2003), 1~6면.
〈1989년 베네수엘라인의 시민 폭동, 카라카소: 대중적인
시위와 제도적 결함The Venezuelan Caracazo of 1989:
Popular Protest and Institutional Weakness〉
『라틴 아메리카 연구 저널Journal of Latin American Studies
』, 35-1권(2003년 2월), 117~137면.
www.jstor.org/stable/3875580

롱, 세스Long, Seth
〈베네수엘라의 토지 개혁Land Reform in Venezuela〉
「카운터펀치Counter Punch」. 2005년 2월 26일~28일.
http://goo.gl/ilhTYp

리프킨, 제레미Rifkin, Jeremy
『제3의 산업 혁명: 수평적인 힘은 어떻게 에너지, 경제,
세계를 변화시키는가The Third Industrial Revolution: How
Lateral Power is Transforming Energy, the Economy, and
the World』(뉴욕: 팰그레이브 맥밀런, 2011).

ㅁ

마르케스, 파트리샤Márquez, Patricia
〈우고 차베스 현상: 사람들은 대체 무슨 생각을 하고
있는가The Hugo Chávez Phenomenon: What Do 'the
People' Think?〉
『차베스 시대의 베네수엘라의 정치Venezuelan Politics in
the Chávez Era』(콜로라도 주 볼더: 린 라이너 퍼블리셔스,
2003), 197~213면.

메네세스, 델리아Meneses, Delia
〈사람들이 삼빌 라 칸델라리아에 대해 위험성을
느끼다Convivencia se hace tensa en predios de Sambil
Candelaria〉
「엘 우니베르살」(카라카스), 2012년 1월 1일.
http://goo.gl/uH3Bb9
〈삼빌 라 칸델라리아는 또 하나의 바리오Un barrio en

Sambil Candelaria〉
「엘 우니베르살」(카라카스), 2011년 9월 23일.
http://goo.gl/Kz7QPJ

모터웨이브 그룹Motorwave
〈상품 설명Product Description〉
2011년.
http://goo.gl/neQ3IJ

미국 에너지부U.S. Department of Energy
〈에너지 플러스의 에너지 시뮬레이션 소프트웨어:
베네수엘라의 기후 정보Energy Plus Energy Simulation
Software: Weather Data Venezuela〉
http://goo.gl/qVrTwx

미국 에너지 정보국U.S. Energy Information Administration
〈거주 지역의 에너지 소비 실태 조사Residential Energy
Consumption Survey(RECS)〉
http://goo.gl/KAyrBY

미국 연합 통신사Associated Press
〈베네수엘라에서 홍수로 인한 이재민은 대통령 관저에서
머물러도 좋다고 우고 차베스가 말했다Venezuelan Flood
Victims Can Stay at Presidential Palace, Says Hugo
Chávez〉
「가디언」, 2010년 12월 2일.
http://goo.gl/zMCgn2
〈차베스가 베네수엘라의 원유 생산을 증가하다Chávez
Raises Oil Production in Venezuela〉
「뉴욕 타임스」, 2003년 1월 29일.
http://goo.gl/kBPxHr

미주 개발 은행Inter-American Development Bank(IDB)
〈경영 보고서: 개발의 여지Executive Summary: Room for
Development〉
www.iadb.org, 2012년.
〈미주 개발 은행 연구 결과 라틴 아메리카와 캐리비안
지역에서는 대부분의 경우 주택 소유는 어려운 일이다Home
Ownership Unaffordable for Many in Latin America and
the Caribbean〉

www.iadb.org, 2012년 5월 14일.

ㅂ

발렌시아 라미레즈, 크리스토발Valencia Ramírez, Cristóbal
〈베네수엘라의 볼리바르 혁명: 차비스타들이란 과연
누구인가?Venezuela's Bolivarian Revolution: Who Are the
Chavistas?〉
『라틴 아메리카에 대한 관점Latin American Perspectives』,
32-3호(2005년 5월), 79~97면.
www.jstor.org/stable/30040243

벅스톤, 줄리아Buxton, Julia
〈경제 정책과 우고 차베스의 성공 Economic Policy and the
Rise of Hugo Chávez〉
『차베스 시대의 베네수엘라의 정치Venezuelan Politics in
the Chávez Era』(콜로라도 주 볼더: 린 라이너 퍼블리셔,
2003), 113~130면.

〈베네수엘라의 대법원이 식량권을 평계로 토지 무단 점유
행위를 지지하다Venezuelan Supreme Court Endorses Land
Grabbing Alleging the Right to Food〉
『메르코프레스MercoPress』, 2011년 12월 17일.
http://goo.gl/Cv7fsD

〈베네수엘라가 수많은 사망자들을 매장하다Venezuela
Buries Truckloads of Its Dead〉
『뉴욕 타임스』, 1999년 12월 22일.
http://goo.gl/U2gYDc

〈베네수엘라가 심각한 주택난에 직면하다Venezuela Faces
Serious Housing Crisis〉
『엘 우니베르살』(카라카스), 2011년 2월 4일.
http://goo.gl/kBCFy4

〈베네수엘라 의회는 우고 차베스에게 더 많은 권한을
주었다Venezuela Parliament Gives Hugo Chavez More
Powers〉
BBC, 2010년 12월 18일.

http://goo.gl/MaFB3j

베네수엘라 석유 회사Petroleos de Venezuela S.A., PDVSA
〈공공 프로젝트: 사람들을 위한 사람들Proyecto Bombona
Communal: del pueblo para el pueblo〉
http://goo.gl/YafsjS

베네수엘라 전력 공사Corpoelec Empresa Eléctrica
Socialista
〈전문가들이 정전에 대해 토론하다Profesionales debaten
interrupciones eléctricas〉
『베네수엘라 전력청 보고Corpoelec Informa』1(2011년 8월
5일), 11면.
http://goo.gl/s8raEJ

베네수엘라 전력부Ministerio del Poder Popular para la
Energía Electrica(MPPEE)
〈합리적이고 효율적인 에너지 사용은 필수적인
일이다Hacer Uso Eficiente y Racional de Energía es Un
Deber〉
카라카스: 베네수엘라의 볼리바르 정부, 2011년.
〈에너지를 절약하는 방법들: 기자 회견Medidas para el
Ahorro Energetico: Rueda de Prensa〉
카라카스: 베네수엘라 볼리바르 정부, 2011년 6월 13일.

베이츠, 러치Bates, Lerch
〈상하 이동 수단: 디자인 지침과 기술Vertical
Transportation: Design Guidelines and Technology〉
로스앤젤레스 미국 건축가 협회(AIA)에서 발표됨.
캘리포니아 주 로스앤젤레스, 2009년 7월 1일.
http://goo.gl/NGqDau

벨라스코, 난시Velasco, Nancy
〈200여개의 가정이 포가데 소유의 은행 타워를
침입하다200 familias invadieron torre bancaria de Fogade〉
『엘 우니베르살』(카라카스), 2007년 10월 21일.
http://goo.gl/zzi8TH
〈무단 점유 후 약 2년 반에서 3년 뒤에 토레 다비드
공동체의 결속력이 강화되다Se consolida invasión de la
Torre de David tras dos años y medio〉

「엘 우니베르살」(카라카스), 2010년 4월 17일.
http://goo.gl/n5UDoy

브로피, 비비엔Brophy, Vivienne
오다우드, 크리O'Dowd, Crea
배넌, 레이철Bannon, Rachel
골딩, 존Goulding, John
루이스, J. 오웬Lewis, J. Owen
〈지속 가능한 도시 디자인Sustainable Urban Design〉
「에너지」(더블린: 유러피안 커미션 2000, 2012년 3월 5일).
http://goo.gl/m4Pux1

브룩스, 제임스Brooke, James
〈국제 보고서: 라틴 아메리카는 두 가지 측면에서 회복을
추구한다International Report, Latin America Pursues
Recovery on 2 Fronts〉
「뉴욕 타임스」, 1989년 8월 28일.
http://goo.gl/8cvTZZ

브릴렘버그, 데이비드, 주니어Brillembourg, David, Jr.
〈일라나 밀너와 다니엘 슈바르츠의 인터뷰Interviewed by
Ilana Millner and Daniel Schwartz〉
카라카스 · 취리히, 2012년 7월 2일.

비에초렉, G.F.Wieczorek, G.F. 외
〈1999년 12월 베네수엘라 해안가의 폭풍과 산사태로 인한
석편류와 홍수 재해률 그리고 완화 전략Debris-flow and
Flooding Hazards Associated with the December 1999
Storm in Coastal Venezuela and Strategies for Mitigation〉
미국 지질 연구소U.S. Geological Survey
http://goo.gl/aZFW6r

ㅅ
———

스위스 풍력 자료 웹사이트 The Swiss Wind Power Data
Website
〈바이불 측정기The Weibull Calculator〉
www.wind-data.ch/tools/weibull.php
〈풍속 수직 분포(윈드 프로파일) 측정기Wind Profile
Calculator〉

스타, 알렉산드라Starr, Alexandra
〈카라카스: 석유에 의존도가 높다Caracas: Living Large on
Oil〉
「아메리칸 스콜라The American Scholar」(2007년, 봄).
theamericanscholar.org/letter-from-caracas

스탄, 제프리 E. Staan, Jeffrey E.
〈카라카스의 대중교통과 도시화Transportation and
Urbanization in Caracas, 1891~1936〉
「미대륙 연구와 세계 문제Journal of Interamerican Studies
and World Affairs」, 17-1호(1975년 2월), 82~100면.
www.jstor.org/stable/174789

시코넨, 마리아리사Siikonen, Marja-Liisa
〈교통 계획 방법론On Traffic Planning Methodology〉
「수직 교통 기술에 관한 국제 회의에서 발표된 논문Paper
presented at The International Congress on Vertical
Transportation Technologies」, 2000년 베를린, 2012년 4월
17일.
https://goo.gl/SfNqip

ㅇ
———

아르마스 H., 마옐라Armas H., Mayela
〈비상 조치법이 토지와 창고의 몰수를 위한 기틀을
마련하다Emergency Law Paves the Way for Seizure of
Lands and Storehouses〉
「엘 우니베르살」(카라카스), 2011년 2월 1일.
http://goo.gl/MuXoyx
〈베네수엘라의 독과점 금지법은 정부의 횡령 행위의 방법을
더 많이 만들어 낸다Venezuelan Antitrust Bill Establishes
More Ways to Expropriate〉
「엘 우니베르살」(카라카스), 2012년 5월 23일.
http://goo.gl/4gw9BN

아쿠아크래프트 주식 회사Aquacraft, Inc.
〈물에 함유된 에너지: 연구 3. 최종 용수 요구량 개요 ─

연구 최종 계획Embedded Energy in Water: Study 3. End-Use Water Demand Profile - Final Research Plan〉 캘리포니아 에너지 환경 연구소California Institute for Energy and Environment, 2009년 1월 7일. 2012년 5월 2일. 자료 참조일 2012년 5월 12일. uc-ciee.org/downloads/Eeiswtudy3.pdf

〈악마의 배설물The Devil's Excrement〉 『이코노미스트』, 2003년 5월 22일. www.economist.com/node/1795921

알보르노스, 마예Albornoz, Maye 〈삼빌은 또 다른 토레 다비드El Sambil es otra torre de David〉 「엘 우니베르살」(카라카스), 2011년 5월 9일 http://goo.gl/vPx420

에샨, M.M. Ehsan, M.M, 가니 오비, 에나이야트Ghani Ovy, Enaiyat 파인 샤리아르, 카지Fayeen Shariar, Kazy 페르두스, S.M. Ferdous,S.M. 〈도시 다카에서 전력 부하 차단 시간 동안의 고층 건물 전화 과정에 대한 새로운 접근법A Novel Approach of Electrification of the High Rise Buildings at Dhaka City During Load Shedding Hours〉 『재생 에너지 국제 연구 저널International Journal of Renewable Energy Research』, 2-4권(2012), 123~130면.

엘너, 스티브 Ellner, Steve 〈서론: 변명을 찾다Introduction: The Search for Explanations〉 『차베스 정권 시대의 베네수엘라의 정치In Venezuelan Politics in the Chávez Era』(콜로라도 주 볼더: 린 라이너 퍼블리셔스, 2003), 7~26면. 〈우고 차베스와 알베르토 후지모리의 파퓰리즘의 대조적 이형성 연구The Contrasting Variants of the Populism of Hugo Chávez and Alberto Hujimori〉 『라틴 아메리카 연구 저널Journal of Latin American Studies』 35-1권(2003), 139~62면.

오디세이ODYSSEE 〈가정당 소비량: 유럽의 에너지 효율 지수Consumption per Dwelling Energy Efficiency Indicators in Europe〉 www.odyssee-mure.eu

왓슨, 도날드Watson, Donald 플래터스, 앨런Plattus, Alan 쉬블리, 로버트Shibley, Robert 『도시 디자인을 위한 시간 절약 표준Time-Saver Standards for Urban Design』(뉴욕: 맥그로힐, 2003).

윌슨, 피터Wilson, Peter 〈카라카스의 초고층 빈민가 The Skyscraper Slums of Caracas〉 『포린 폴리시Foreign Policy』, 2012년 1월 6일. http://goo.gl/59BRKQ

윌퍼트, 그레고리Wilpert, Gregory 〈베네수엘라의 도시 토지 개혁의 일환으로 차베스가 3천여 개의 가정에 무단 점유한 토지의 소유권을 수여하다Chavez Presented Over 3,000 Titles as Part of Venezuela's Urban Land Reform〉 venezuelanalysis.com, 2004년 10월 25일. venezuelanalysis.com/news/752 〈베네수엘라의 은밀한 주택 혁명: 도시 토지 개혁Venezuela's Quiet Housing Revolution: Urban Land Reform〉 venezuelanalysis.com, 2005년 9월 12일. venezuelanalysis.com/analysis/1355

유럽 연합 집행 기관European Commission 〈국가 에너지 정보: 베네수엘라Country Energy Information: Venezuela〉 2006년 9월. http://goo.gl/A3s6iD

유럽 위원회 공동 연구 센터Joint Research Centre, European Commission 〈격자 연결 PV의 성능: 지원 및 측정 방법Performance of Grid-connected PV: Help, calculation methodology〉

유럽 환경청European Environment Agency, EEA
〈부문별 최종 에너지 소비(CSI 027/ENER 016) Final
Energy Consumption by Sector(CSI027/ENER 016)〉
2012년 3월 29일.
http://goo.gl/v3kRwR

유엔 인간거주위원회 UN-HABITAT(United Nations
Human Settlements Programme)
〈라틴 아메리카와 캐리비안 지역의 유효한 토지와
주택Affordable Land and Housing in Latin America and
the Caribbean〉, 2011년.
http://goo.gl/BqY4OB

유엔 총회 United Nations General Assembly
〈결의안 60/1. 2005년 세계 정상 회담 결과Resolution
60/1. 2005 World Summit Outcome〉
뉴욕: 유엔, 2005년 10월 24일.
http://goo.gl/Z2o2nT

의회 과학 기술 평가국Parliamentary Office of Science and
Technology
〈발전에 의한 탄소 발자국(탄소 배출량)Carbon Footprint of
Electricity Generation〉 268호
런던, 2006년 10월.
http://goo.gl/qLLaO6

ㅈ

자르좀백, 마크Jarzombek, Mark
〈건축에서의 지속 가능성: 불명확한 시스템과 불명확한
문제점들Sustainability in Architecture: Between Fuzzy
Systems and Wicked Problems〉
『블루프린트Blueprints』, 11-1권(2003년 겨울), 7~9면.
http://goo.gl/XXjFLP

장코비치, 장마르크Jancovici, Jean-Marc
〈회사나 사무실에서의 활동을 위한 방법: ADEME의
온실가스 발생 배출량 일람표A Tool for Companies and
Office Activities: The 'Carbon Inventory' of ADEME〉

마니코레, 2004년 5월.
http://goo.gl/aDk7k4

ㅊ

〈차베스가 삼빌 라 칸델라리아를 마비시키다Chávez retoma
paralización del Sambil La Candelaria〉
「엘 우니베르살」(카라카스), 2009년 6월 11일.
http://goo.gl/OVsBfI

ㅋ

〈카라카스는 세상에서 세 번째로 폭력적인 부국가적 관할
자치 구역Caracas is the World's Third Most Violent Sub-
National Jurisdiction〉
「엘 우니베르살」(카라카스), 2012년 4월 27일.
http://goo.gl/6OJxhh

〈카라카스의 혼돈Chaos in Caracas〉
「이코노미스트」, 1997년 4월 10일.
www.economist.com/node/1044426

카스트로, 마올리스Castro, Maolis
〈침입당한 리베르타도르 지역Libertador es territorio de
invasiones〉
「엘 나시오날」(카라카스), 2012년 3월 5일.

캐롤, 로리Carroll, Rory
〈차베스가 빈자들에게 카라카스의 부촌 지역을 무단
점유하도록 조장하는 방식으로 주택 위기에 맞서다Chávez
Tackles Housing Crisis by Urging Poor to Squat Wealthy
Parts of Caracas〉
「가디언」, 2011년 1월 26일.
http://goo.gl/IQiuvU

콜롬비아 국립대학교 공과대학교 교수진Facultad de
Ciencias, Universidad Nacional de Colombia
〈도시와 상업 지역에서의 최종 에너지 소비에 대한

결정과 가정용 전자제품을 위한 산업에서의 소비에 대한 결정Determinación del consume final de energía en los sectores residencial urbano y commercial y determinación de consumes para equipos domesticos de energía eléctrica y gas〉
광업 에너지 계획국Unidad de Planeación Minero Energética(UPME) 발표 논문, 2006년 6월 11일.

〈쿠데타와 반쿠데타Coup and Counter-Coup〉
『이코노미스트』, 2002년 4월 16일.
www.economist.com/node/1086376

크라울, 크리스Kraul, Chris
〈차베스의 토지 정책이 베네수엘라를 양극화 시키다Venezuela Polarized Over Chavez's Land Policy〉
『로스앤젤레스 타임스』, 2011년 4월 7일.
http://goo.gl/VaecQM

크루스 살라사르, 베아트리스Cruz Salazar, Beatriz
〈토레 다비드 근처에서 감지되는 위험Miedo se Palpa Cerca de la Torre〉
『엘 우니베르살』(카라카스), 2008년 9월 9일.
http://goo.gl/7vSPmk

ㅌ

타버, H. 마이클Tarver, H. Micheal
프레더릭, 줄리아 C. Frederick, Julia C.
『베네수엘라의 역사The History of Venezuela』(코네티컷 주 웨스트포트: 그린우드 프레스, 2005)

〈토레 다비드에 거주하는 가족들이 내무부 청사 앞에 모여 시위를 하다Familias de la Torre Confinanzas protestan en el Ministerio del Interior〉
『엘 우니베르살』(카라카스), 2012년 4월 11일.
http://goo.gl/ez9p7c

톰슨, 진저Thompson, Ginger
〈베네수엘라의 석유 장관은 그가 커다란 변화를 꾀할

것이라고 말했다Venezuela's Oil Chief Says He Will Make Big Changes〉
『뉴욕 타임스』, 2002년 12월 25일.
http://goo.gl/fPhQY6

ㅍ

파웰, 브루스 A.Powell, Bruce A.
〈거주용 건물에 대한 교통 분석의 대안적 접근법An Alternate Approach to Traffic Analysis for Residential Buildings〉
『수직 이동 수단 기술에 대해 2008년 테살로니키에서 열린 국제 회의에서 발표된 논문Paper presented at The International Congress on Vertical Transportation Technologies』, 테살로니키, 2008년.

패터슨, 테리 Patterson, Terry
『삽화로 보는 2009년도 건물 코드 핸드북Illustrated 2009 Building Code Handbook』(뉴욕: 맥그로힐, 2009).

포레로, 후안Forero, Juan
〈베네수엘라 토지 개혁 정책은 유휴 농지를 몰수하려고 한다Venezuela Land Reform Looks to Seize Idle Farmland〉
『뉴욕 타임스』, 2005년 1월 30일.
http://goo.gl/UiQ6L5

〈푼다코무날 단체는 토지가 비어 있음을 보증한다Fundacomunal asegura que los terrenos son Baldíos〉
『엘 우니베르살』(카라카스), 2011년 1월 22일.
http://goo.gl/z45Fv2

프리어, 짐Freer, Jim
〈베네수엘라의 최상의 토지는 경매를 통해 얻을 수 있다Prime Venezuelan Land Available Through Auction〉
『사우스 플로리다 비즈니스 저널South Florida Business Journal』, 2001년 6월 25일.
http://goo.gl/jJNsgM

피어슨, 타마라Pearson, Tamara
〈베네수엘라의 새로운 헌법이 유휴지를 공유지로
전환시키다New Venezuelan Law Turns Unused Urban
Land Into Public Land〉
venezuelanalysis.com, 2009년 8월 16일.
venezuelanalysis.com/news/4726

피터, 리처드Peters, Richard
메타, 프라탑Mehta, Pratap
해든, 존Haddon, John
〈엘리베이터 사용자의 통행 패턴: 적용, 현재의 정보와
측정Lift Passenger Traffic Patterns: Applications, Current
Knowledge and Measurement〉
「수직 이동 수단 기술에 관해 1996년 바르셀로나에서
열린 국제 회의에서 발표된 논문Paper presented at
The International Congress on Vertical Transportation
Technologies, Barcelona」

ㅎ

해거티, 리처드 A.Haggerty, Richard A
블루스타인, 하워드 I.Blutstein, Howard I
『베네수엘라: 국가 연구Venezuela:A Country Study』(워싱턴
DC: GPO 미국 의회 도서관, 1990).
countrystudies.us/venezuela

헤르난데스 다빌라, 헤라르도Hernández Dávila, Gerardo
〈토레 다비드La Torre de David〉
「엘 우니베르살」(카라카스), 2007년 9월 1일.
http://goo.gl/pp8Ppp

헤리티지 재단The Heritage Foundation
〈2012년 자유 경제 지표2012 Index of Economic Freedom〉
www.heritage.org/index/country/venezuela

헬링거, 다니엘Hellinger, Daniel
〈정치적 개요: 푼토피호 양당체제의 몰락과 차베스 체제의
발흥Political Overview: The Breakdown of Puntofijismo
and the Rise of Chavismo〉
『차베스 정권의 베네수엘라의 정치Venezuelan Politics in
the Chávez Era』(콜로라도주 볼더: 린 라이너 퍼블리셔스,
2003), 27~54면.

협동조합 〈베네수엘라의 추장〉Cooperativa de Vivienda
Caciques de Venezuela
〈새로운 외관 디자인Diseño Nueva Fachada〉
「콘피난사스 타워 이야기Historias de la Torre Confinanzas」,
2011년 6월 27일, 자료 참조일 2012년 5월 2일
〈홍수와 산사태로 인한 베네수엘라인의 희생자의 수가
5천여 명을 넘어섰다Venezuela Toll in Floods and Slides
Said to Exceed 5,000〉
「뉴욕 타임스」, 1999년 12월 20일.
http://goo.gl/4DRjQI

홀, 프리드Hall, Fred
그리노, 로저Greeno, Roger
『건물 편의시설 편람: 현재의 건물과 구조 규정을
통합하여Building Services Handbook: Incorporating
Current Building and Construction Regulations』(뉴욕:
엘세비어 사이언스, 2009).

환경과 에너지를 위한 기업들의 에너지 연합Consorcio
Energético Corpoema
〈콜롬비아에서 새로운 에너지 자원 개발 계획의
공식화Formulación de un plan de desarrollo
para las Fuentes no convencionales de energía en
Colombia(PFDNCE)〉
보고타: Unidad de Planeacion Minero Energetica UPME,
2010년 12월 30일.

푸엔마요르, 헤수스Fuenmayor, Jésus
〈다비드의 타워The Tower of David〉
「도무스」, 2011년 4월 28일.
http://goo.gl/dwDmBK

휴, 팀Hughes, Tim
〈교재 번호 1. 오클라호마 풍력 지침서 시리즈Lesson

number 1, in an Oklahoma Wind Power Tutorial Series〉
오클라호마 주립대학교 강의 교재, 오클라호마 주
스틸워터, 2000년 4월 2일.

1999 카라카스 제헌 국민 의회Asamblea Nacional
Constituyente, Caracas, 1999
〈베네수엘라 볼라바르 공화국의 헌법Constitution of the
Bolivarian Republic of Venezuela〉
카라카스: 정보 통신부, 2006년.

참여 작가

이반 반Iwan Baan

1975년 네덜란드 알크마르 출생. 반의 작품은 『뉴요커』와 『뉴욕 타임스』는 물론 『도무스』, 『A+U 매거진』, 『마크』, 『아비타레』와 같은 신문 잡지에 정기적으로 실린다. 건축이 그 주변 지역에 미치는 영향에 대해 특별히 관심을 두고 있는 반은 건축 환경에 있어서의 도시, 사회 그리고 경제적 배경을 그의 이야기에 포함시킨다. 그는 OMA의 렘 쿨하스, 헤르조그 & 드 뫼롱, 도요 이토, 스티븐 홀 그리고 자하 하디드와 같이 세계적인 건축가들과 같이 작업했다. 그와 일했던 팀원 중 일부는 베니스 비엔날레 13회 국제 건축 박람회에서 〈토레 다비드, 거대한 수평선〉라는 주제로 황금사자상을 수상하기도 했다.

알프레도 브릴렘버그Alfredo Brillembourg

1961년 미국 뉴욕 출생. 학제간 건축과 도시 디자인 회사인 어반 싱크 탱크의 공동 창립자이자 공동 회장이다. 그는 콜롬비아 건축 보존 계획대학원에서 건축 설계로 건축 석사를 취득했고 GSAPP에서 2007년부터 2010년까지 초빙 교수로 재직했다. 2010년에는 취리히 공과대학교의 건축대학에서 건축과 도시 설계 공동 학장으로 취임하였다. 『무계획적 도시: 카라카스의 사례에 비추어』(2005)의 공동 편집자이자 그리고 지속 가능형 생활 도시 모델 S.L.U.M. 실험실의 공동 설립자이기도 하다. 그와 일한 팀원 중 일부는 베니스 비엔날레 13회 국제 건축 박람회에서 〈토레 다비드, 거대한 수평선〉이라는 주제로 황금사자상을 수상하기도 했다.

히메노 A. 폰세카Jimeno A. Fonseca

1988년 콜롬비아 툰자 출생. 토목공학 학사(B.Sc. PUJ 2009) 및 건축공학 석사(M.S.c. con Lode POLIMI 2011)를 취득하였다. 스위스 취리히 연방 공과대학교에서 건축과 지속 가능형 건설 기술 연구소에서 지속 가능형 도시 기반 시설 연구원이다. 취리히에서 일하면서 거주하고 있다.

안드레 기타가와André Kitagawa

1973년 브라질 상파울루 출생. 상파울루 대학교의 건축 도시 대학을 졸업하였다. 코믹 만화가이지 일러스트레이터인 기타가와는 라틴 아메리카에서 여러 정기 간행물과 작품집에 기고하고 있다. 그는 애니메이션 부분에서도 활약하여, 브라질 MTV에서 애니메이션 필름을 만들고 있기도 하다. 기타가와는 2000년 피라시카바 국제 유머 박람회에서 그리고 2003년 HQ 믹스 상을 수상하였다. 그는 또한 2005년에 영화화된 「차파 퀜테」라는 그래픽 앨범의 저자이기도 하다. 현재 상파울루에서 작품활동을 하면서 살고 있다.

후베르트 클룸프너Hubert Klumpner

1965년 오스트리아 잘츠부르크 출생. 학제간 건축과 도시 디자인 회사인 어반 싱크 탱크의 공동 창립자이자 공동 회장이다. 그는 콜롬비아 대학교의 건축 보존 계획대학원에서 공학석사를 취득했고 2007년부터 2010년까지 GSAPP에서 초빙 교수로 재직했다. 2010년에는 취리히 공과대학교의 건축대학에서 건축과 도시 설계의 공동 학장으로 취임하였다. 『무계획적 도시: 카라카스의 사례에 비추어』(2005)의 공동 편집자이자, 지속 가능형 생활 도시 모델 S.L.U.M. 실험실의 공동 설립자이기도 하다. 팀의 일부는 베니스 비엔날레 13회 국제 건축 박람회에서 〈토레 다비드, 거대한 수평선〉이라는 주제로 황금사자상을 수상하기도 했다.

안드레스 레픽Andres Lepik

1961년 독일 아우크스부르크 출생. 뮌헨 공과대학교에서 건축 역사와 큐레이터학 교수이자 뮌헨 건축 박물관의 관장이다. 2000년부터 2007년까지 베를린 국립박물관에서, 2007년부터 2011년까지는 현대 미술 박물관에서 건축 큐레이터로 일했고 현대 미술 박물관에서는 2010년 〈작은 규모, 큰 변화. 사회적 참여로서의 새로운 건축〉이라는 주제로 발표한 바 있다. 뮌헨과 베를린에서 거주하면서 활동 중이다.

아르노 슐뤼터Arno Schlüter

1974년 독일 프라이부르크 출생. TU
Karlsruhe(Dipl,Ing)에서 건축을, 취리히 연방
공과대학교에서 정보 및 건설 기술을 공부하였다.
2010년부터 건축과 지속 가능형 건설 기술대학의 조교수로
재직 중이다. 취리히 연방 공과대학교에서 무공해 건축과
공학을 위해 만든 Keoto AG 위원회의 공동 설립자이자
회장이다. 취리히에서 거주하면서 활동 중이다.

크리스티안 슈미트Christian Schmid

1958년 스위스 취리히 출생. 지리학과 사회학을
공부했다. 취리히 연방 공과대학교의 건축대학에서
사회학과 겸임 교수이자, ETH 바젤 스튜디오/현대
도시 위원회(Contemporary City Institute)의 연구원으로
일하고 있다. 1991년 도시 연구와 행동을 위한 국제
네트워크(INURA)의 공동 설립자였다. 그의 저서와 강의는
공간과 도시화, 비교 도시 연구, 도시 사회 운동 등에 주로
초점을 두고 있다. 그는 『도시, 공간 그리고 사회: 앙리
레페브르와 공간 생성 이론*Stadt, Raum und Gesellschaft
– Henri Lefebvre und die Theorie der Produktion des
Raumes*』(2005)의 저자이기도 하다. 로저 다이너, 쟈크
헤르조그, 마르셀 메일리 그리고 피에르 드 뫼롱 등과
함께 『스위스-도시의 자회상*Switzerland: An Urban
Portrait*』(2005)를 집필하기도 했다.

어반 싱크 탱크Urban-Think Tank

어반 싱크 탱크는 지속인 진화와 자생이 가능한 도시
개발을 위해 건축과 디자인을 탐구하는 그룹이다. 이들은
건축, 토목, 환경 계획, 조경, 통신 등의 기술과 결합하여
혁신적이고 실질적인 솔루션을 제공한다. 1993년 알프레도
브릴렘버그가 설립하고 1998년 후베르트 클룸프너가
공동 감독으로 합류한 이 그룹은 도시 디자인을 연구하고
새로운 세대의 교육과 개발에 초점을 두고 있다. 현재
카라카스, 상파울루, 뉴욕, 취리히에 지사를 운영하고
세계의 모든 프로젝트에 관심을 두고 있다. 이들은 2007년
토레 다비드가 시민들에 의해 처음 점유당했을 때부터 그
건물이 변경, 발전되는 모습을 관찰하는 데에만 4년여를
투자하였다. 2011년 직접적인 제안을 시작한 이래로 토레
다비드의 변화에 적극적인 조력자의 역할을 수행하고 있다.

감사의 말

토레 다비드 프로젝트에 있어서 쉰들러 그룹Schindler Group이 갖는 중요성은 매우 크다. 그들은 우리가 연구를 지속할 수 있도록 재정적인 지원을 아끼지 않았을 뿐 아니라, 우리가 연구를 해나가는 데 있어서 변함없는 헌신과 지원을 보내 줌으로써, 선진국의 기업들과 제3세계의 무계획적 도시 지역 간의 공동 작업에 토대가 될 수 있는 중요한 선례를 만든 계기가 되었다. 우리는 특히 프로젝트 전 기간 동안 긴밀한 참여를 해 준 쉰들러 그룹의 폴 프리들리Paul Friedli와 킬리안 슈스터Kilian Schuster에게 감사의 말을 전한다. 쉰들러 그룹과 유사한 계획을 갖고 있거나, 그들과 같은 헌신적 태도를 지닌 다른 회사들도 쉰들러의 선례를 따르게 되기를 바라 마지 않는다.

취리히 연방 공과대학교의 건축과의 지원은 이 책이 성공적인 발간에 매우 중요한 역할을 했다. 연구를 주최하는 기관이자 바탕으로서, 취리히 연방 공과대학교는 가치를 매길 수 없을 만큼 훌륭한 지원을 아끼지 않았고, 공동 작업이라는 문화가 육성되도록 도와주었으며 진정한 범학문적인 연구를 추구하는 데 있어서 우리가 많은 동료들과 접촉하도록 호기심을 불어 넣어 주기도 했다. 우리는 건축과의 학장인 사차 멘츠Sacha Menz의 지원과 노력에 특별한 감사를 보내고 싶다.

이반 반Iwan Baan과의 공동 작업과 그의 헌신은 토레 다비드의 주목할 만한 현실을 이 책에 담아내는 데 큰 도움이 되었다. 이반의 포토그라피적 탐험은 거주자들이 생성해 낸 활기찬 공동체는 물론, 공간의 구조적 복잡성을 명쾌하게 보여 줌으로써 건축학과 기록 사진학 간의 경계를 허무는 역할을 해주었다.

라스 뮐러 출판사의 라스 뮐러Lars Müller, 미하엘 암만Michael Ammann, 마티나 뮬리스Martina Mullis의 창의적인 공동 작업에 깊은 감사의 뜻을 전한다. 그들의 꾸준한 지도와 열정이 이 책의 출판이 실제로 가능하게 만들어 주었다.

개발도상국가들에서의 미래 지속 가능형 기술에 대한 통찰력을 제공해 주고, 이 책의 3장에 값진 기여를 해준 취리히 연방 공과대학교의 건축 기술 연구소의 아르노 슐뤼터Arno Schlüter와 히메노 A. 폰세카Jimeno A. Fonseca에게 충심 어린 감사를 드린다.

취리히 연방 공과대학교의 안드레스 레픽Andres Lepik과 크리스티안 슈미트Christian Schmid에게는 그들의 시간과 지식을 아낌없이 헌신하여 넓은 식견으로 이 책의 전체적인 윤곽을 만들어 주신 데 감사한다.

어반 싱크 탱크Urban-Think Tank는 우리의 작업에 여러 가지 정보와 많은 자원들을 총동원했다. 베네수엘라 역사에 대한 연구에 갈렝 대학의 이베트 산체스Yvette Sanchez, 베네수엘라 중앙 대학의 토마스 마이스터Thomas Meister, 헤르손 레바날레스Gerson Revanales로부터 많은 도움과 정보를 받았다.

우리는 요나 프리드만Yona Friedman의 지원에도 감사한다. 우리가 오랫동안 감탄해 왔던 작품의 주인공인 그가 토레 다비드에 대해서 이야기를 나누자며 기꺼이 자신의 집으로 초대해 준 데 감사를 드린다. 우리는 오래전부터 요나의 작품에서 영감을 받아 왔고, 이 연구에서도 그의 아이디어는 새로운 도시에 대한 우리의 생각과 구상에 지속적으로 영향을 주었다.

다비드 브릴렘버그 주니어David Brillembourg Jr.는 이 책을 위해 우리가 요청한 인터뷰에 정중히 응해 주었다. 그의 부친의 일생과 업적에 대해 전해 준 그의 견해와 이야기를 통해 토레 다비드와 카라카스의 발달의 역사를 생생감 있게 이해하게 도와주었을 뿐만 아니라, 중요한 개인적 통찰력과 이해를 엿볼 수 있게 해주었다.

카라카스에서 우리를 도와주고 지원해 주신 분들께 감사를 드린다. 그중에서도, 클라라 브릴렘버그Clara Brillembourg, 레이날도 디 피노Reinaldo di Fino, 루이사 비르히니아 곤살레스Luisa Virginia Gonzalez, 카를로스 멘도사Carlos Mendoza, 마리아 로스 안헬레스 멘도사Maria Los Angeles

Mendoza, 로마인스Romains, 카이Kai 그리고 아나
루이사 로센베르그Ana Luisa Rosenberg 그리고 마리아
가브리엘라 사르미엔토Maria Gabriela Sarmiento에게
감사한다.

많은 것을 배울 수 있는 계기가 된 인터뷰에 응해 준 엔리케
고메스Enrique Gómez와 훌리오 레이Julio Rey에게
감사한다. 또한 설계 때 찍었던 원본 사진들과 도면 등을
기꺼이 제공해 준 것에 감사한다. 토레 다비드의 건설에
대한 사려 깊은 견해를 피력해 준 레네 브릴렘버그Rene
Brillembourg에게도 감사한다.

그들의 결단력, 인내심 그리고 헌신으로 이 책이
완성되기까지 중요한 역할을 해준 마이클 콘텐토Michael
Contento, 라파엘 마차도Rafael Machado, 일라나 밀너Ilana
Millner 그리고 다니엘 슈바르츠Daniel Schwartz에게
감사한다.
우리는 무엇보다도 토레 다비드의 거주민들에게 다
갚지 못할 은혜를 입었다. 그들의 독창성과 결단력은
너무나 제한적인 표면적 구조와 가공할 만한 높이의
구조물 안에 무엇이 도사리고 있는지 우리가 직접
경험하고 발견할 용기를 내도록 영감을 주었다. 그리고
토레 다비드 내부에서 벌어지는 여러 가지 일에 대해
우리가 이해하기 쉽게 가치 있는 정보와 지식을 전해 준
글라디스 플로레스Gladys Flores에게 특별한 감사의
말을 전하고 싶다. 그 외에 안드레아Andrea, 리스베트
데 아빌라Lizbet de Avila, 벨리카Belica, 호수에 라몬
센테노Josue Ramón Centeno, 카르멘 콜메나레스Carmen
Colmenares, 알렉산데르 〈엘 니뇨〉 다사Alexander
"el Niño" Daza, 데이비스Deivis, 페르난도Fernando,
프랑켄슈타인Frankenstein, 그라비엘Grabiel, 혼켈Jonkel,
이반 모랄레스Ivan Morales, 호르헤 모랄레스Jorge
Morales, 욜란다 라미레스Yolanda Ramirez, 마리아
레예스Mariá Reyes, 잉그리드 로드리게스Ingrid
Rodriguez, 탈리Tali 그리고 알프레도 삼브라노Alfredo
Zambrano에게도 감사를 드린다.

Image credits

All images by Iwan Baan, with the exception
of the following:

Archivo Fotográfico Shell-CIC UCAB,
Universidad Catolíca Andrés Bello
Pages 82~83

Inmuebles Magazine/Pineda y Lorenzo
Pages 104~107, 152

SuAT
Pages 375~377, 379~381, 384, 388~389, 392~393

Thom Quine
Page 34

U-TT
Pages 90~97, 115, 120~123, 156, 157(top), 164~165, 171,
193~205, 207, 241, 250~251, 258~259, 270~277,
420~421, 423(top), 432~435

U-TT/André Cypriano
Pages 416~417

U-TT/Daniel Schwartz
Pages 157(bottom), 160~161, 170, 174, 206, 237, 240, 244,
246(bottom), 248, 255, 413(right)

U-TT/Erik-Jan Ouwerkerk
Page 413(top left)

U-TT/Ilana Millner
Page 33

U-TT/Markus Kneer
Page 175

U-TT/Sabine Bitter and Helmut Weber
Page 413 (bottom left)

Yona Friedman
Pages 424~425

옮긴이 김마림

경희대학교 지리학과를 졸업하고, 동대학교와 뉴욕주립대학교State University of
New York at Buffalo 대학원에서 〈Transportation & Accessibility, GIS〉 전공으로
석사 학위를 받았다. 10여 년간 케이블 채널 및 공중파에서 영상 번역가로
활동했으며, 현재 영국에서 전문 번역가로 일하고 있다.

**토레
다비드**

수직형 무허가
거 주 공 동 체

지은이 알프레도 브릴렘버그, 후베르트 클룸프너, 어반 싱크 탱크,
스위스 취리히 연방 공과대학교 건축 및 도시 계획학부
사진 이반 반 **옮긴이** 김마림 **발행인** 홍지웅 **발행처** 미메시스
주소 경기도 파주시 문발로 253 파주출판도시 **대표전화** 031-955-4400
팩스 031-955-4405 **홈페이지** www.mimesisart.co.kr
Copyright (C) 미메시스, 2015, Printed in Korea.
ISBN 979-11-5535-059-1 03610 **발행일** 2015년 10월 10일 초판 1쇄

이 도서의 국립중앙도서관 출판시도서목록(CIP)은 e—CIP 홈페이지
(http://www.nl.go.kr)에서 이용하실 수 있습니다(CIP 제어번호: CIP2015025035).

이 책은 실로 꿰매어 제본하는 정통적인 사철 방식으로 만들어졌습니다.
사철 방식으로 제본된 책은 오랫동안 보관해도 손상되지 않습니다.